学校における

安全教育・危機管理ガイド

大阪教育大学附属池田小学校 [著]

あらゆる危険から
子供たちを守るために

東洋館出版社

はじめに

　附属池田小学校に着任した教職員がまず目にするのは、平成13年（2001年）6月8日の事件で亡くなった8名の児童の写真です。こんなに幼い子供たちが犠牲になったのかと涙が込み上げてきます。

　次に事件の現場を案内されます。犯人がどこからどのように侵入したのか、子供たちのだれがどこで被害に遭ったのか、胸のつぶれる思いで説明を聞きます。

　次に不審者対応訓練を経験します。最初の訓練は始業式よりも前に実施されます。訓練に参加したことがない教員がいる状態で子供たちを迎え入れないという考えに基づくものです。想像をはるかに超えた先輩たちの真剣な姿に圧倒されます。それと同時に、自分はこの学校でやっていけるのかと不安な気持ちにもなります。

　6月8日が附属池田小学校事件の日として記憶している人は多いでしょうが、8名の子供たちの命日でもあることに気付いている人はどれだけいるでしょうか。附属池田小学校の教職員が事件で亡くなった子供のお墓に参っている姿や、ご遺族の家を訪ねて遺影に向かって手を合わせている姿を想像できる人はどれだけいるでしょうか。

　附属池田小学校のご遺族の方がおっしゃいました。「私の子供は、学校を安全にするために生まれてきたのではないけれど…。その命を無駄にしたくはありません。あれから学校は安全になったよと子供に報告したいんです」。

　事件以降、附属池田小学校の教職員は、二度とあのような事件が起こらないよう安全管理に万全を期すとともに、「命の大切さ」を感じ取る教育内容の研究を推進し、個々の児童が安全な社会の担い手となる教育に努めてきました。

　平成21年（2009年）には、教育課程特例校として、安全科の授業を開始しました。

　平成22年（2010年）には、日本で初めて International Safe School に認証されました。

　平成27年（2015年）には、Safety Promotion School に認証されました。

　International Safe School の認証式典で、私（当時は副校長）は次のように述べました。

　「安全の取組がいかに高く評価されても、亡くなった子供たちが戻ってくるわけではない。日本で初めての認証ということを自慢する気には到底なれない。それでも、これまでの学校安全への取組が、学校とご遺族とが協力して進められてこられたことだけは誇りに思いたい」。

　事件以降、多くの教職員が入れ替わりながらも学校安全の取組が途切れることなく続いてきたのは、事件時の教職員の悔しさや苦しみと無関係ではありません。本書籍は、その思いの延長線上にあるものなのです。本書籍には、事件時及びそれ以降に附属池田小学校に在籍した全ての教職員の「安全教育の推進及び実践に貢献したい」という思いがつまっているのです。

大阪教育大学附属池田小学校長

佐々木　靖

学校における
安全教育・危機管理ガイド

もくじ　Contents

はじめに ……………………………………………………………………… 001

序章　大阪教育大学附属池田小学校と安全教育

安全教育とは ………………………………………………………………… 004

第1章　実践・「安全教育」の授業

大阪教育大学附属池田小学校の安全教育カリキュラム

　1年生の年間計画 …………………………………………………………… 008

　2年生の年間計画 …………………………………………………………… 009

　3年生の年間計画 …………………………………………………………… 010

　4年生の年間計画 …………………………………………………………… 011

　5年生の年間計画 …………………………………………………………… 012

　6年生の年間計画 …………………………………………………………… 013

1年

　歩行者［交通安全］ ………………………………………………………… 014

　校内安全［生活安全］ ……………………………………………………… 016

　水難［生活安全］ …………………………………………………………… 018

2年

　歩行者［交通安全］ ………………………………………………………… 020

　校内安全［生活安全］ ……………………………………………………… 022

　着衣泳［生活安全］ ………………………………………………………… 024

3年

　外傷予防［生活安全］ ……………………………………………………… 026

自転車の交通ルール［交通安全］ ……………………………………… **028**

水難［生活安全］ ……………………………………………………………… **030**

不審者・防犯［生活安全］ ……………………………………………… **032**

4年

外傷予防［生活安全］ ……………………………………………………… **034**

豪雨・土砂災害［災害安全］ ……………………………………………… **036**

水難［生活安全］ ……………………………………………………………… **038**

性被害［生活安全］ …………………………………………………………… **040**

5年

豪雨・洪水・土砂災害［災害安全］ ………………………………… **042**

食中毒［生活安全］ …………………………………………………………… **044**

性被害［生活安全］ …………………………………………………………… **046**

防災［災害安全］ ……………………………………………………………… **048**

6年

外傷予防［生活安全］ ……………………………………………………… **050**

SNSによるトラブル［情報モラル］ ………………………………… **052**

インターネット［情報モラル］ ……………………………………… **054**

第2章 「安全管理」と「不審者対応訓練」

1 大阪教育大学附属池田小学校の安全管理 ……………………… **058**

2 大阪教育大学附属池田小学校の不審者対応訓練 …………… **068**

本書の刊行に当たって ……………………………………………………… **080**

執筆者一覧 ………………………………………………………………………… **081**

序章 Prologue ──────── 大阪教育大学附属池田小学校と安全教育

安全教育とは

1．附属池田小学校事件と不審者対応訓練

　平成13年6月8日、附属池田小学校で8名の児童の尊い命が奪われ、13名の児童と2名の教職員が負傷させられるという痛ましい事件が起こった。

　事件の直後から始めた不審者対応訓練は試行錯誤の連続であった。どの学校でも行われていないものを一から作り上げていくのは大変であったが、不審者が侵入した場合の被害を最小限にするために、教職員は一生懸命に知恵を出し合った。

　訓練中にフラッシュバックを起こして動けなくなる教員がいた。子供を殺傷された悔しさから、興奮気味に不審者役にとびかかる教員もいた。落ち着いて組織的に行動できるようになるまでずいぶん時間がかかった。

　どれほど悲壮な思いで訓練を積み重ねても、訓練は訓練であって現実とは違う。不審者対応訓練をしているだけで子供を守れるわけでもない。子供の生命が危ぶまれるような事態は、不審者の侵入だけではない。自然災害や交通事故からも子供を守らねばならない。自身を守るスキルを身に付けさせたいとは思っても、附属池田小学校には安全教育を始めることができない事情があった。

2．安全科の授業

　附属池田小学校が安全教育を始める上で、高いハードルを越えなければならなかったことはあまり知られていないだろう。家庭科で包丁を使った調理実習を再開するのに3年以上かかったし、図画工作科の授業で彫刻刀を使うこともためらわれた。事件から2年間は、フラッシュバックを避けるために「鬼ごっこを禁止」していたくらいである。安全教育どころではなく、心身に傷を負った子供たちへの「心のケア」で手一杯であった。教師たちの心には、「子供たちを守れなかった人間が安全教育をしてもよいのか？」というためらいの気持ちさえあった。

　本当の意味での安全教育は、事件で直接の被害を受けた子供たち（事件時1・2年生）が卒業した平成19年から始まった。平成21年2月23日には教育課程特例校の指定を受け、全学年で週1時間、それまでに積み重ねてきた実践をもとにした「安全科」の授業を始めることとなった。教科書も何もない中で安全の授業を毎週1時間実施することは極めて難しいことであった。試行錯誤で行っているにもかかわらず、「附属池田小学校がしている安全の授業なら間違いはないだろう」と思われることへのプレッシャーもあった。

　そんな状況の中、平成23年3月11日に東日本大震災が発生した。附属池田小学校の安全教育カリキュラムでは、あのような未曽有の大災害に全く対応できないことは誰の目にも明らかだった。

3．安全科から安全教育へ

東日本大震災の後、まず附属池田小学校の教員が議論したのは「避難時には、歩いた方が安全なのか？　走って逃げるのはそんなに危険なのか？」ということであった。言うまでもなく、「釜石の奇跡」の影響である。

避難訓練でいろいろと実際にやってみた。あるときは歩いて避難させ、あるときは走って避難させ、あるときは先生が先頭に立って避難させ、またあるときは先生が後ろについて避難させたり、あらゆることを試みた。ついには釜石東中学校の先生と生徒に会って話を聞いた。その結果、「どんな状況でも歩きなさい」と教えるのは間違いだという結論に至ったのである。

思い起こせば平成13年の事件のとき、子供たちは泣き叫びながら散り散りに走って逃げた。先生に引率されて逃げた子供はほとんどいない。避難訓練は子供を訓練するためだけのものではなく、少しでも助かる可能性が高い方向に子供を導くための判断力を教職員が磨くためにもあるという基本を忘れてはならないのである。

安全教育の究極の目的は「子供を死なせない」ことだ。東日本大震災は言うまでもなく、広島市の土砂災害、鬼怒川の堤防決壊、御嶽山の噴火、電気柵による感電事故など実際の災害や事件・事故から学び、あらゆる危険から子供を守る新しいカリキュラムを作成し始めた。

カリキュラム作成で重視したのは各教科・領域との関連性である。理科では地震・噴火、社会科では火災というように、各教科・領域には、安全教育として取り上げることが可能な内容が多く含まれている。それらを安全教育としてカリキュラムにきちんと位置付けることにした。ネット被害、熱中症、薬物、危険生物、食中毒、食物アレルギー等、事件があった16年前には思いもしなかった内容も含めることとなった。「安全科」が不審者から子供を守るためのものであったならば、「安全教育」は、どんな状況になっても子供を守るためのものだと言える。

4．子供を加害者にしない安全教育を

保護者も教師も「自分の子供や教え子が、何かの被害を受けることがあるかもしれない」と心配することがあるだろう。しかし、子供や教え子が加害者になることを心配している人はどれだけいるだろうか。

どんな凶悪事件の犯人であっても、子供の頃は小学校や中学校に通っていたはずだ。小学校や中学校の教育のせいで凶悪事件が起こるわけではないにしても、自分の教え子が凶悪事件の犯人だと分かれば、どれだけのショックを受けることか。

加害者が存在しなければ被害者も存在しない。社会の情勢を鑑みれば「加害者を作らない」のは極めて困難なことだとは思うが、教師がそれをあきらめてしまったら学校は教育の場ではなくなる。子供を加害者にしない教育から目をそむけない勇気が必要なのだと、声を大にして言いたい。

第1章

実践・「安全教育」の授業

大阪教育大学附属池田小学校の
安全教育カリキュラム

1年生の年間計画

月	単　元	目　的
4	交通事故の現状	・小学生が歩行者として被害を受ける交通事故の多さを知る。 ・小学生の事故が多い理由を考える。 ・通学時の様子を交流し、潜在的な危険に気付く。
4	事故が起きやすい場所	・資料から、事故が起きやすい場所を読み取る。 ・事故が起きやすい理由を考え、事故を起こさないためにどのような歩き方をすべきか具体的に考える。
5	校舎内の歩き方	・校舎内の歩き方のルールについて知る。 ・ルールが安心・安全につながることを知る。
5	安全クイズ	・学校内のルール、施設について思い出す。 ・安全クイズを作りみんなでルールを守る意識を高める。
6	安全な学校生活を送る	・安心・安全な学校生活を送るためのルールの大切さを考える。 ・「人」によって守られている安全を知る。
6	学校探検	・2年生と一緒に学校を探検し、校内について知る。 ・案内された場所でしてよいこと、してはいけないことを考える。
6	プール水泳の心構え	・プール水泳開始に当たって、気を付けなければならないことを考える。 ・プールにいたときの避難の方法を考える。
7	安全インタビュー	・安全を見守ってくれている「人」にインタビューをする。 ・インタビューを通して、見守ってくれている「人」への感謝の気持ちをもつ。
8	保健室の利用	・保健室を利用するうえでの約束事を理解する。 ・けがの部位や発生時の状況を説明することができる。 ・けがをした場所や時間を自分で記録することができる。
9	道路の安全な歩き方	・安全な歩行や横断をしようとする態度を育てる。 ・安全な横断のしかたを考えることができる。 ・不十分な安全確認は交通事故につながることを理解する。
10	横断歩道の安全な渡り方	・信号を守り、安全に横断歩道を渡ろうとする態度を育てる。 ・横断歩道の渡り方を考えることができる。 ・様々な場所で信号の守り方を理解する。
11	公共交通のルール・マナー	・公共交通機関に安全にマナーよく乗車しようとする態度を育てる。 ・公共交通機関の利用のしかたを理解するとともに、みんなに迷惑をかけない利用法についてどうすればよいか話し合う。
12	通学路の人やもの	・通学路で安全を守ってくれている人やものに関心をもつ。 ・安全を守っている人やもののはたらきについて、考え、その意味を理解する。
1	自分の身を守る行動	・防犯について知り、自分の身を守る行動について知る。
2	地震発生時の安全確保と避難	・授業中に地震が起こったときの身の守り方を知る。 ・避難時の約束事は、「全員が無事」に避難するために存在することを理解する。
3	火災を知る	・学校において火災が発生する可能性があるということを知る。 ・火災が起こったときの自分の行動について学ぶ。

2年生の年間計画

月	単 元	目 的
4	校内での安全について	・校内での安全設備についてその役割などを理解する。
4	安全を守る設備	・自分たちを見守っている「人」について思い出す。 ・身の回りの設備（「もの」）について考える。
5	安全を守る設備調べ	・校内の安全を守る設備を調べる。 ・様々な設備についてその役割を知る。
6	水と仲良く	・家庭での水難事故について考える。 ・安全な水の使い方。
7	着衣泳（水の怖さ）	・服を着たまま水の中に入る体験をする。 ・水難事故に巻き込まれたことを想定して、自分の身を守る方法を身に付ける。
8	児童の実体験からの再現学習	・様々な場面での交通事故の事例について、原因を考える。 ・原因について考えたことから、危険を回避するために方策を考える。
9	交通事故事例からの再現学習	・交通事故の発生状況を冷静に振り返ることができる。 ・もの、人、環境の要因によって交通事故が発生することを理解し、登下校がより安全になるよう努力する。
9	学校での大きなけが	・学校内での大きなけがの事例を知る。 ・けがが体に与えるのは「痛み」だけではないことを理解する。 ・頭部のけがは重大な結果を招く可能性があることを理解する。
10	交通ルールの徹底・マナーの向上	・公共交通機関に安全にマナーよく乗車しようとする態度を育てる。 ・公共交通機関の利用のしかたを理解するとともに、みんな気持ちよく利用する方法についてどうすればよいか話し合う。
11	学んだことを発信	・学習したことから、道路での歩き方やバス・電車の乗り方を振り返り、自分たちでできることについて考える。 ・学校見守り隊として、地域の人にアピールする。
12	校内安全マップ	・様々な設備について知り、校内での位置を確認する。 ・校内安全マップを作成し、安全についての意識を高める。
1	安全な歩き方 1	・歩道をすれ違う人には様々な人がいることを知り、歩き方を考えることができる。 ・考えた歩き方を実生活に生かそうとしている。
1	緊急地震速報	・緊急地震速報の役割とその限界を理解する。 ・緊急地震速報が発報されたときに適切な行動ができるようにする。
2	火災から身を守る	・具体的な火災発生を想定して、避難経路を知る。 ・避難するときに気を付けなければならないことを考える。
3	安全な歩き方 2	・事故が起きやすい場所の安全な歩き方を考えることができる。 ・危険を予測して行動に移すことができる。
3	命を守る行動	・状況に応じた具体的な身を守る行動について理解する。

第1章　実践・「安全教育」の授業

3年生の年間計画

月	単　元	目　的
4	通学安全チェック	・駅の中・歩道橋・国道沿い・住宅街など、具体的な場所の写真から、「安全な歩き方」を考えることができる。 ・立場を変えて考えることで、より安全な歩行を実践しようとする意欲を高める。
5	安全な水遊び	・水遊び（川・海）にひそむ危険について知る。 ・川や海での安全な遊び方を考える。
6	危険な場所とは 1	・「犯罪機会論」の考え方について知る。
6	危険な場所とは 2	・「入りやすく」「見えにくい」場所に気付くことができる。
7	自転車の交通ルール	・自転車の交通ルールを理解する。 ・自転車に乗るための安全点検の仕方を知る。 ・どのようなことに気を付けたら安全に走行できるかを考える。
8	安全・危険の視点	・直感的に安全・危険を判断することができる。 ・安全・危険の視点を多くもち、危険を予測することができる。 ・安全・危険には4つの視点があることを知る。
9	学級のけがの傾向	・自分の学級のけがの傾向を知る。 ・けがをしたときの経験を共有する。 ・けがを減らすためにはどうすればよいか話し合う。
10	4つの視点で危険予測	・公園のイラストを見て、危険を予測することができる。 ・予測がどの視点の安全・危険かを考えることができる。 ・安全と危険が表裏一体となっていることに気付く。
10	通学路のフィールドワーク	・通学路のフィールドワークへ行く。 ・安全・危険についてワークシートの地図に書き込む。 ・グループで協力して安全・危険の根拠を明確にする。
11	安全マップ作成	・グループで模造紙に安全マップを書くことができる。 ・安全・危険の根拠を明らかにして記入している。
11	発表資料の作成	・グループで発表の準備をする。 ・プレゼンテーションソフトを使って資料を作る。 ・聞き手の安全意識を高めることを目標に、発表のしかたを工夫する。
12	シートベルト・チャイルドシート	・シートベルト・チャイルドシートの効果・必要性を理解し、装着しようとする態度を養う。 ・正しい装着法を理解し、装着できるようになる。
1	火災を防ぐ	・自分の生活を振り返りながら、どのようなことが火災につながるのか考える。
2	火災の発生原因	・自ら火災を発生させることがないようにするための工夫を考える。
3	地震の被害の抑制	・地震が起こったときに命を守り、被害を最小限に抑えられる生活環境を考える。 ・地震後の生活に備えるべきものを考える。

4年生の年間計画

月	単　元	目　的
4	校内の防火・消火設備	・学校内にある防火設備について考える。 ・学校が避難場所になっていることを知る。
4	消防施設と設備	・学校や家庭、地域の中にある消防施設、設備を知る。 ・消防署や消防団の仕組みを考える。
5	消防署見学	・消防署の見学を通して、消防の仕組みを学ぶ。 ・消防署の方の話を聞き、火災を防ぐ態度を身に付ける。
6	データから水難事故を考える	・水難事故の場所や種類のデータを読み取り、いざというときの行動について考える。
7	豪雨時の避難	・豪雨によってどのような災害が起こるのかを知る。 ・豪雨の際に命を守るためにとるべき行動を考える。 ・洪水や土砂災害発生時における安全な避難経路を選択できる。
8	着衣泳（身を守る）	・水難事故に巻き込まれたことを想定して、自分の身を守る方法を身に付ける。 ・溺れている人の命を救うための方法を知る。
9	けがの程度と119番通報	・けがの種類や程度を速やかに把握することができる。 ・119番通報の際の指令員の問いかけに答えられるようにする。 ・どのような場合に救急車を呼ぶべきかを考えることができる。
9	竜巻の発生と被害	・竜巻とはどのような現象か知る。 ・発生の簡単な仕組みを理解する。 ・安全に回避することができる。
10	自転車での危険予測	・危険を予測して回避することの必要性を理解する。 ・自転車運転者の立場だけでなく他の立場の行動も理解する。 ・普段の生活において危険な場所がないかについて話し合う。
11	交通事故の防止	・様々な場面に隠れている危険を考える。 ・交通事故を防ぐために、早く危険に気付き、正しい判断をして、安全に行動できるようにする。
11	正しい情報を得るために	・インターネットの使用について正しい判断ができる。 ・インターネット上の情報の正確さを判断する方法を知る。 ・自分のインターネットの使い方を振り返る。
12	台風の接近、上陸時の避難	・台風の接近、上陸時に起こる影響を知る。 ・安全に避難するうえでの留意点と情報収集の大切さを理解する。
1	外出先での地震への対応	・市街地や地下街で地震にあったときの適切な行動を考える。 ・家族が離れてしまった際の連絡の取り方を知る。
2	防犯ブザー	・防犯ブザーの有効性について考える。
2	性被害の防止と対処	・プライベートゾーン（口・胸・性器・おしり）について知る。 ・性被害の発生状況を知り、身を守る方法を考える。 ・性被害を受けた場合の対処の仕方を理解する。
3	防犯設備について	・防犯ブザーだけでなく、校外にある非常時の設備について考える。
3	津波と避難	・過去の津波被害の実例を学び、避難の重要性を理解する。 ・代表的な被害について、危険を回避する方法を学ぶ。

第1章　実践・「安全教育」の授業

5年生の年間計画

月	単　元	目　的
4	調理中のけが	・鍋や食器の熱の伝わり方を考え正しい持ち方ができる。 ・刃物の正しい扱い方ができる。
4	情報発信のマナー	・発信者としての事例に対して正しい判断ができる。 ・個人情報をインターネット上に出すことの危険性を知る。
5	食の安全を考える	・食物アレルギーについて知る。 ・調理実習を始めるに当たって、調理者としての責任を考える。
5	ネット被害	・オンラインゲームやネットショッピングに潜む危険を知り、トラブルに巻き込まれないようにするためにはどのように付き合っていくかを考える。
6	野外活動中の台風への対応	・野外活動中に台風に遭遇した際の危険に気付く。 ・過去の遭難例などをもとにして、小さな油断が大きな被害をもたらすことを知る。
6	水難事故について考える	・臨海学舎を見据えて、海での過ごし方について考える。
6	性被害と性加害	・性加害の種類について知り、「ちょっとふざけただけ」が、いかに人の心に深い傷を負わせるかを考える。
7	熱中症を防ぐ	・WBGTについて知り、過去の天候、保健室の患者数から、熱中症の起こりやすい状況を推測し、自らの生活を振り返り、予防するための目標を立てる。
7	熱中症の手当て	・熱中症が起こりやすい状況や予防する方法について理解する。 ・熱中症になったときの具体的な手当てについて理解する。
8	洪水から町を守る人々	・洪水から町を守るための先人の知恵と努力を知る。
9	台風の進路と被害	・台風の進路による被害の違いを理解する。
9	洪水を防ぐための技術	・川を流れる水の勢いが強くなる場所を理解する。 ・洪水から町を守る技術に気付く。
9	授業中のけが	・授業中にけがをする可能性について考える。 ・保護メガネや軍手の有効性について考える。
10	手当ての方法の理解と実習	・実習を通して、実際に手当てができるようになる。 ・血液感染に関する正しい知識を身に付ける。
10	スポーツ外傷・障害	・スポーツ外傷・障害とは何かを理解する。 ・現在及び将来のスポーツへの関わり方を考える。
11	ゲリラ豪雨への対応	・短時間に局地的に降る雨がゲリラ豪雨と呼ばれる理由を知る。 ・川上での豪雨が、川下におよぼす影響を知り、その対処法を考える。
11	転落事故の防止	・転落事故の危険性について、様々な場面での危険について知る。 ・転落防止についてその対策を考え、危険回避の工夫を考えることができる。
12	可燃物	・燃焼の簡単な仕組みを理解する。　・薬品の正しい扱い方ができる。
12	安全対策と対処法	・身近な危険生物を理解する。　・傷を受けた場合の正しい対処法を理解する。
12	落雷の発生と被害	・落雷とはどのような現象かを知る。 ・発生の簡単な仕組みを理解する。
1	山や海での地震への対応	・地震が山間部や海辺にもたらす被害について理解する。 ・宿泊行事の開始時に行われる避難訓練の重要性を理解する。
2	噴火と避難	・噴火とはどのような現象かを知り、避難が必要か判断できる。
2	全国の火山と火山現象	・日本の火山の分布が分かる。 ・火山活動が活発な地域の人々の暮らしと苦労や工夫が分かる。
3	津波警報・予報の種類	・津波に関する情報を入手する方法を知る。 ・これまでの津波事例から、対処法を考えさせる。 ・災害で慌てないよう、普段から何に気を付ければよいか考える。

学校における　安全教育・危機管理ガイド

6 年生の年間計画

月	単　　元	目　　的
4	ネット依存	・無料通話機能ソフトに関する問題点を知る。 ・トラブルに巻き込まれないためにはどのように付き合っていくかを考える。
4	ネット犯罪	・ソーシャルメディアに関する問題点を知る。 ・トラブルを起こさないためにはどのように付き合っていくかを考える。
5	性情報への対処	・性に関わる情報を正しく取捨選択する視点をもつ。 ・SNS をきっかけに性犯罪に巻き込まれる事例について知る。
5	酸とアルカリ	・水溶液には、さわると危険な液体があることを知る。 ・誤って触れたときの正しい対処ができる。
6	けがの発生要因と予防	・人的要因と環境要因によってけがが発生することを理解する。 ・学んだことを活かして、学校がより安全になるよう努力する。
6	着衣泳（救助）	・水難事故に巻き込まれたことを想定して、自分の身を守る方法を身に付ける。 ・実技を通して溺れている人の命を救うための方法を身に付ける。
7	台風接近時の行動	・台風の接近に伴う事前の備えについて具体的に考える。 ・見通しをもった行動が、台風接近時の安全につながることを理解する。
8	標識の意味を知る	・交通標識の種類や意味を理解する。 ・映像を見て、危険な所や気を付けるべき点について話し合う。
9	個人情報の保護	・個人情報、肖像権、著作権について知る。 ・日常生活で気を付けなければならないことについて知る。
10	乱用防止	・検挙補導件数をもとに、未成年の飲酒、喫煙が薬物乱用へのゲートウェイドラッグであるとの認識を持つ。 ・飲酒・喫煙・薬物乱用から身を守るためにどうするか考える。
10	体への悪影響	・体への悪影響が将来的にどこまであるか理解させる。 ・理解したことを自分だけでなく、家族にも伝えられる知識を身に付ける。
10	救命措置について	・救命措置の仕方を学び、救命についての難しさについて知る。 ・救命の連鎖の一連の流れを知り、自分にできることを考えることができる。
11	津波からの避難	・過去の被害を知り、津波の危険性や被害の大きさが分かる。 ・東日本大震災の事例から、生死を分けた具体的な判断を知り、よりよい対処法を考えさせる。
11	津波に関する基本的な知識	・津波、高潮、高波とはどのような現象であるかを理解する。 ・日本周辺で津波が起こりやすい理由を理解する。
12	噴火の仕組みと避難方法	・噴火についての簡単な仕組みが分かる。 ・噴火による被害の種類や対処法が分かる。
12	噴火警報・予報の種類	・噴火警報・予報などの情報を手に入れることができる。 ・これまでの火山の噴火事例から、対処法を考えさせる。
1	避難場所での生活と復興	・避難所での生活を想定し、少しでも快適に過ごすためのルールやマナーを考える。 ・復興に向けて努力している被災者の思いを知る。
1	地震に関する基本的な知識	・地震の発生メカニズムを理解する。 ・「マグニチュード」「震度」などの基本的な用語の意味を知る。
1	パンデミックを防ぐ	・大流行がもたらす問題を、個人と集団という視点で考える。 ・予防は感染経路ごとに全て共通することに気付かせる。
2	病原体と病気	・病原体がもとになって起こる病気の種類を知る。 ・感染源対策、感染経路対策、感受性者対策の感染症予防の三原則を知る。
3	安全対策と対処法	・電源プラグの正しい扱い方が分かる。　・アースの役割が分かる。

第 1 章　実践・「安全教育」の授業

1年 ———————————————————————————————————— 交通安全

歩行者
～交通事故の現状～

【授業のねらい】

　春に交通安全教室で、安全な歩き方を実体験しながら学習している。加えて、交通事故の現状を知ることは、より安全に歩く意識を高めるものと考える。歩行者の事故の中でも、小学生が関わるものは非常に多い。特に多いのは通学時間帯である。資料から小学生の事故が多い理由を考えることで、1年生なりに通学のしかたを見直してほしい。

【目標】

＊小学生が交通事故に遭いやすい理由を考える。
＊登下校時の危険に気付き、安全に登下校をしようとする意欲をもつ。

【授業の流れ】

学習過程	学習内容・主な指導言	指導のポイント
導入	○登下校のときに、道路で車や自転車が急に来て、危ないと思ったことはありませんか。	・1年生は、入学して間もないこともあり、慣れない道路を登下校するため、自動車や自転車が急に来て、危険や不安を感じることが多くある。これらを思い出して、交通安全について学習することを知らせる。
展開	○交通安全教室でどんなことをしたのか思い出そう。 ○なぜ、そうするのか考えよう。	・交通安全教室で習ったことを思い出させ、実生活でやっているかどうか振り返らせる。 ・実際に下校している写真（参考資料①）を見て、小学生が交通事故に遭いやすい理由に気付き、交通安全教室で習ったことをやろうという意欲をもたせる。
終末	○ほかに、どんなことに気を付ければよいか発表しよう。 ○今日から実行しようと思ったことを選びましょう。	・自分たちで、安全な登下校をするために工夫したらよいことを発表する。 ・実現可能で、交通安全につながるものはどんどん褒めていく。 ・最後に、みんなが発表した中から、自分でやろうと決めたことを短冊に書き、家庭で目に見えるところに貼り、忘れそうになったらそれを見ることで、今後も継続して頑張ろうとする意欲をもたせる。

学校における　安全教育・危機管理ガイド

【板書】

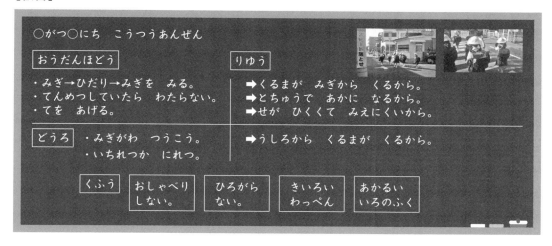

【参考資料】

①登下校の様子を写した写真

　登下校中の写真を見ることで、交通安全教室で学習したことが、実際の自分たちの登下校で、どの場所に当たるのか気付けるようにする。また、写真を見ることで、車と人との位置関係が分かるようにする。

②交通安全短冊

　自分で、今後、気を付けたいことを１つ選び、短冊に書くことで、交通安全のための具体的な行動ができるような意欲につなげる。また、家庭にも協力してもらい、普段から目につくところに貼ったり、声掛けをしてもらったりすることで、継続的に行動できるようにする。

―――――――――【生活科とのつながり】―――――――――

　３学期に、生活科で１年間の振り返りを行うときに、登下校の安全について、次の新１年生に伝えたいことを絵手紙で書いておき、次年度の４月にアサガオの種と一緒に新１年生にプレゼントする。

第１章　実践・「安全教育」の授業

015

1年 ——————————————————————————— 生活安全

校内安全
～安全クイズ～

【授業のねらい】

　学校内のルールや安全設備を思い出し、クイズづくりを行う。ルールを知っている、知らないというクイズだけでなく、そのルールがある理由、守らなければ誰が困るのかに着目してクイズをつくらせる。家族に出題するクイズを考えることで、学校内のルールを全員で確認し、みんなで守っていくという意識をもたせたい。

【目標】

＊校内でのルールや設備についての意味を考える中で、安心・安全な学校生活を送るために学校のルールを守ることの大切さを理解する。

＊家族に出題するクイズを考えることができる。

【授業の流れ】

学習過程	学習内容・主な指導言	指導のポイント
導入	○みなさんは学校のきまりを覚えましたか。 ○学校のきまりに関するクイズをします。	・学習したことを交えて出題し、クイズに答えることで、校内安全の学習を思い出させる。① ・いろいろな形式のクイズに触れさせることで、問題をつくりやすくする。②
展開	○校舎内を走るのは、どんなときですか。 ○なぜ校内を走っては、いけないのですか。 ○安全に過ごすためにどうすればいいのかな。 ○あぶないと思ったときに手を挙げましょう。	・多くの児童は、校舎内では歩かないといけないということは知っている。しかし、走るときはどんなときかまでは深く考えていない児童が多いので、そこを考えさせるようにする。 ・人の行動には、心の状態が深く関わっていることを理解させる。 ・安全に過ごすためにどうすればいいかを考えさせる。 ・あまり手が挙がらなかった事例に対し、そのときの心の状態を問うことで、危険な状態になることを理解させる。 ・「走ると危険」「走っても歩いても危険」な場所に分類し、なぜ危険なのかを考えさせ、ルールを守る意識を高める。③
終末	○校内安全クイズを考えよう。	・学んだことを家族に出題するクイズの問題を考えることで、本時の学習のまとめとする。

学校における　安全教育・危機管理ガイド

【板書】

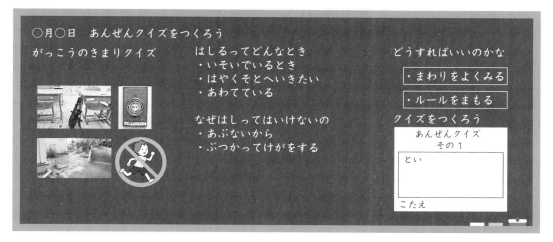

【参考資料】

①校内の安全設備や安全のルールを写真で紹介！

　入学当初から勉強した、校内の安全設備やルールをもう一度確認する。敷地内でも、行ってはいけないところがあることも確認する。

②パワーポイントでいろんな形式（○×・穴埋め・4択）のクイズを出題！

　いろいろな形式の問題に触れることで、クイズをつくりやすくする。穴埋めや選択問題の内容は簡単に、○×クイズの問題は難易度高めに設定する。

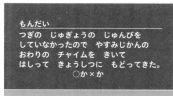

③手を挙げて確認！

　言葉を足していき、「あぶない」と思ったところで手を挙げて、その状況や場所がなぜ危険なのかを考えさせる。

（例）　はしっている　→　かいだんを　はしっている

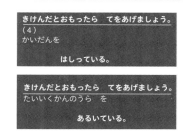

【学習意欲アップ！】

　家族に出題する学校安全のルールのクイズを考えようと目標を設定する。その結果、「家族にクイズを出そう」と意欲的に問題を考えることができる。

第1章　実践・「安全教育」の授業

1年　　　　　　　　　　　　　　　　　　　　　　　生活安全

水難
～プール水泳の心構え～

【授業のねらい】
　1年生にとって、大きなプールで水遊びができることは大きな楽しみである。しかし、その反面大勢でプールに入るということには、危険がたくさん潜んでいるということにも気付かせたい。これから先の水泳学習において、安全に学習していくための土台となるように、バディの方法、入水の仕方、水中での注意事項をしっかりと確認する。

【目標】
＊プールでの授業が始まるに当たって、気を付けないといけないことを考える。
＊プールにいたときの避難の方法を考える。

【授業の流れ】

学習過程	学習内容・主な指導言	指導のポイント
導入	○今日は初めてのプールの授業です。今までプールでどんなことをしたことがありますか。	・1年生は初めてのプールを楽しみにしている児童が多い。楽しみな気持ちをたくさん言う中で、「楽しいプールにするには安全が大切」ということにも気付かせていきたい。
展開	○残念なことに、プールでの事故はたくさん起きています。どんなときに事故は起きるでしょう。	・実際に日本で起きた事故事例を紹介する。 ・指導者の指示を聞いていないときや、自分勝手な行動をしているときに事故は起きる。プールに入るときは関係のない話はしないこと、ルールをきちんと守ることが大切だということに気付かせたい。
	○プールで安全に学習するために、どんなことができるでしょう。	・話し手に体を向ける、体調が悪いときは無理しないなど、基本的なことを押さえる。そして、安全に学習するためにバディシステムという方法があることを伝え、バディの組み方を練習する。授業中も友達同士で健康観察ができるようにしたい。
終末	○実際に入水してみましょう。（最初は教師が手本を示す）	・いきなり浮いたり泳いだりするのではなく、入水のルールをスモールステップで学習していく。 ・基本的に笛の音と指導者の身振り手振りで行動をさせる。そうすることで指導者の方に常に注意を向けられるような児童を育てていきたい。 （入水の仕方については【参考資料】にて掲載。）

【板書】

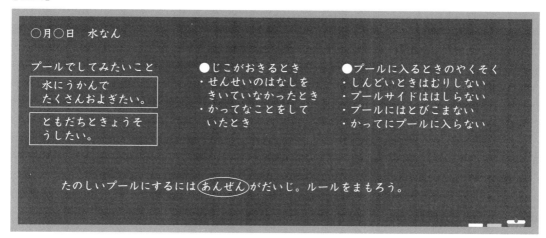

【参考資料】
○入水の仕方

　全ての指示を笛の音と番号札で行う。声を出さずに指示を出すことで、指導者の指示を集中して待てるようにしたい。

①プールサイドに近付く。
②足をきれいに洗う。
③腕に水をかける。
④頭や背中に水をかける。
⑤胸に水をかける。
⑥入水する。

　1回目の水泳授業では、この入水の仕方を何度も練習し、できていなければ水に入らせないなど、厳しく指導を行う必要がある。水に入るときは気持ちを引き締めて安全に学習ができるようにしていく。

―――――――【学習意欲アップ！】―――――――
　安全に配慮した水泳指導を行っていくために、バディシステムを徹底する。プールから上がったときは必ずお互いの顔を見て体調を確認し合うなど、安全に常に気を配るようにしていく。また、入水後も、バディの友達と一緒に手をつないで浮かんだり、列車になって競争したりするなど、日常的に複数人で行う活動を取り入れ、楽しく安全に水泳に取り組めるようにすることが大切である。

2年 ──────────────────────── 交通安全

歩行者
～安全な歩き方～

【授業のねらい】
　交通安全教室など実際の道路に近い状況から安全な行動を体験的に学ぶことや、ある場面を映像などで共有し、身を守るためのスキルを学ぶことは大切である。道路での「自分」だけでなく、行き交う様々な立場の人について目を向けられるような授業をつくるために、交差点及びその横断歩道の歩き方に焦点を当てる。自分の目線（意識）だけの判断は危険であることを押さえ、どのような行動に結び付くかを学ぶ。学習を深めるために、自分（歩行者）の意識と、相手（ドライバー等）の判断する意識とのギャップが、事故を引き起こす可能性を高めることを学ばせたい。

【目標】
＊交差点など事故が起きやすい場所の安全な歩き方などを考える。
＊危険を予測して行動に移すことができる。

【授業の流れ】

学習過程	学習内容・主な指導言	指導のポイント
導入	○待つ場所でよいのは、どこでしょう。 ○まわりのことも気にできる歩き方を考えよう。	・２つの待ち位置を提示し、どちらがよいかを交流する。実は、両方ともよくないことを伝える。 ・ぎりぎりの場所に立つのが、なぜよくないかを交流する。そのことで、運転手など多くの人の迷惑になっていることに気付かせる。
展開	○朝、学校へ行く途中のことです。交差点にある横断歩道の手前で、ハンカチを拾いました。それは、同じクラスのかりなちゃんのものでした。ふと前を見ると、交差点の向こうにかりなちゃんが歩いています。 ○あなたなら、どうしますか。	・まずは、交差点の図とお話だけで考える。次に急いでハンカチを渡すことが本当に必要かどうかを考えさせる。 ・先に、歩行者信号が点滅の場合を例に出し、危険を再認識させる。青なら追いかけられるという考えがどのくらい出るかを見る。 ・誰も通っていない状態の横断歩道で、運転手はどうするかを考える。そこから、歩行者と運転手の行動によってどんな危険があるかを考える。
終末	○登下校で歩き方に気を付ける場所を振り返りましょう。	・道路などは自分だけが使っているわけではないことを最後に全員で押さえる。

学校における　安全教育・危機管理ガイド

【板書】

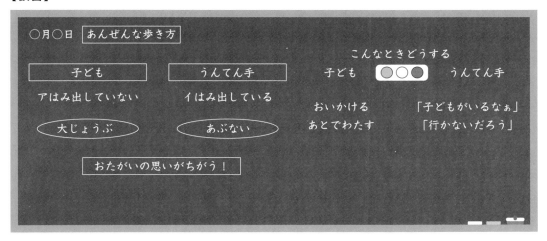

【参考資料】
①横断歩道での待機場所について
　イメージしやすいように、通学路にある横断歩道に似たイラストを提示し考えさせる。それにより、通学時の様子を自分たちに重ね合わせ、安全に登下校を行う意欲につなげる。

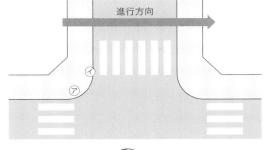

②実際の場面設定
　より具体的な状況設定を行うことで、児童自身がその場で判断しなければならない課題を設定する。時間・場所・児童の行動の様子などを設定し、より共感しやすい場面設定を行うことで、協働的な学びへとつなげる。

朝、学校へ行くとちゅうのことです。こうさてんにあるおうだん歩道のまえで、ハンカチをひろいました。それは、同じクラスのかりなちゃんのものでした。

---【学習意欲アップ！】---

◎事後の学習では…
　歩道での歩き方について、様々な立場の人のことを考えながら行動ができるようにする。ベビーカーの親子、お年寄り、自転車など、行き交う人たちのことも取り上げていく。また、歩道のない車道を歩く際、道路の幅を考え、どこから車両が来る可能性があるか等を予測して歩き方を考える。いずれにしても、実生活にこの学びが生かせることを期待したい。

2年 ──────────────────────────── 生活安全

校内安全
～安全を守る設備調べ～

【授業のねらい】

　さすまた、トランシーバー、防犯カメラ、フェンス、門、教室配置などの学校内の安全を守るための設備を知る。子供にとって初めて知るものもあるだろうが、それらの設備がなぜあるのかということを考えさせたい。学校内の様々な安全設備を調べ、校内安全マップづくりの素材にする。

【目標】

＊校内の安全を守る設備について調べる。
＊様々な設備についてその役割を知る。

【授業の流れ】

学習過程	学習内容・主な指導言	指導のポイント
導入	○「これは何でしょう」「どこで見たでしょう」 ○写真を見て考えよう。	・校内にある安全設備の写真を少しずつ見せて、クイズ形式で答えさせる。毎日目にするものでも気付いていなかったものから、初めて見たものまで、どのように安全が守られているのかを考える糸口とする。
展開	○これらの写真を、2つのグループに分けてみよう。 ○分けたグループに名前を付けよう。	・植木、コーナーガード、担架、電波バッジ、防犯ブザー、AED、教室扉などを2つにグループ分けすることで、共通点を見付けさせるようにする。 《予想される答え》 A【何か危険なことがおきるのを防ぐためのもの】 B【何か危険なことがおきたときに対処するためのもの】
終末	○自分たちの考えを発表しよう。 ○自分たちの班との違いはどこだろう。 ○安全を守るためにどちらが大事かな？	・班で考えたグループ分けを交流することで、自分たちとの違いを発見したり観点を想像したりしていく中で、安全に対する視点をより多くもてるようにする。 ・グループ分けをした中で、どちらが大事かを問うが、実はAとBの両方とも大切であることを押さえる。最後に、校舎内のガラス張りになっている写真を見せ、他にも皆の安全を守るために様々な工夫がされていることを伝えて、終末とする。

学校における　安全教育・危機管理ガイド

【板書】

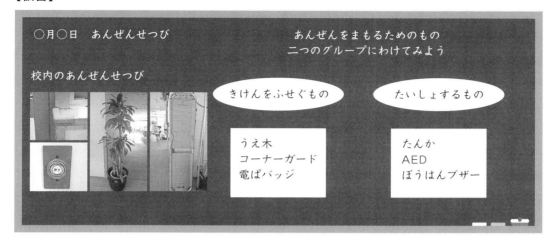

【参考資料】
①校内の安全設備の写真
　授業中に示した、校内の安全設備の写真をアップにしたものをクイズに使ったり、写真を見て校内のどこにあるか想起したりした。
　何のためにあるか、何をするためのものか、1枚1枚子供たちと一緒に考え、グループ分けをするときのヒントとなるようにする。

②授業の終末に見せた校舎内ガラス張りの写真
　校長室から運動場が見える、職員室から教室のある校舎が見える、2階から1階を見下ろすことができるなど、ガラス張りになっていることで、様子を見渡すことができることを伝え、より校舎が安全な構造になっていることを伝える。

【次の活動につなげる】

　けがが起こりそうな場所やどんなけがが起こりそうかを予想し、校内を調べてみる活動を行う。体育館、教室、階段、廊下、特別教室など、様々な場所をまわって、けがをしそうなところを見付けていった。自ら探すことで、自分の行動を振り返る機会となるようにしたい。

第1章　実践・「安全教育」の授業

2年   生活安全

着衣泳
～水の怖さ～

【授業のねらい】

　2年生では、初めて着衣泳を経験する。必要以上に恐怖心をあおることがないように小プールで行い、服を着たまま水に入ると、身動きがとりづらくなることを体験し、むやみやたらに泳ぐのではなく、浮いて助けを待つことの必要性に気付かせる。服を着たまま水中で泳ぐことが、いかに大変かということにも気付かせたい。

【目標】

＊服を着たまま水の中に入る体験をする。
＊水難事故に巻き込まれたことを想定して、自分の身を守る方法を身に付ける。

【授業の流れ】

学習過程	学習内容・主な指導言	指導のポイント
導入	○バディ・入水人数の確認をする。 ○着衣泳の意義を共有する。 ○服を着たまま水に入るとどんなことが難しくなるでしょう。	・着衣泳ではよりバディの存在を強く意識させ、お互いの安全を確認し合う大切さを共有する。 ・着衣泳はいつもの水泳指導とは違う雰囲気で行う。子供たちも楽しみにしているが、以下の2点をめあてとしてしっかりもたせ、水難事故を未然に防ぐことの大切さを考えさせる。 ①水着での泳ぎと違うむずかしさを体験すること ②水難事故にあったときの対応の仕方を知ること ・着衣のまま水に入るという経験はこれまでほとんどない。着衣のまま水に入るとどうなるのか、何が難しくなるのか、など予想をさせた上で入水させると実際の体験と結び付いていく。
展開	○着衣のまま水に入る体験をする。 　・入って上がる 　・歩く　・走る 　・泳ぐ　・浮く どう感じましたか。	・低学年で行う場合では、特に恐怖心をもたせないようにすることが大切である。 ・もし服を着たまま川や池などに入ってしまったら、無理に泳ごうとせずに、長い間浮いて助けを待つ。 ・そのときにペットボトルや袋などが有効であることを体験させる。
終末	○着衣泳を振り返ろう。 　（教室がのぞましい）	・着衣のまま入水して感じたこと、水着で入水することとの違い、分かったことを自分の言葉でまとめさせ、全体で共有する。

学校における　安全教育・危機管理ガイド

【板書】

【参考資料】

①服装

いろいろな服装で体験できることが望ましいが、まずは洗濯済みの私服（Tシャツ、ジャージ、ハーフパンツ、靴下など）で行う。

※私服の下に水着を着させておきましょう。脱いで泳げば、着衣の泳ぎにくさが実感できます。

②浮き身

・タコ泳ぎ
　（エレメンタリーバックストローク）
・ラッコ泳ぎ
　（ペットボトル、バケツ、ビニール袋などを抱えて浮く）

③道具

・ペットボトル
・ビニール袋やスーパーの袋

【児童の振り返り】

・「大荷物をもって、のぼりざかをのぼっているような感じがした。」
・「走るとき、後ろにおされる感じになった。」
・「浮こうと思ったけど、しずんでしまいました。ペットボトルはおなかにかかえるようにすると上手に浮けました。」
・「気を付けることは、しずまないように大の字になって力を抜いて浮きます。」

第1章　実践・「安全教育」の授業

3年　　　　　　　　　　　　　　　　　　　　　　　　　　　生活安全

外傷予防
～けがの傾向から考えよう～

【授業のねらい】

　外傷（けが）の傾向にも学校・学年・学級の傾向が表れる。どんなけがをしているか。よくけがをする場所はどこか。よくけがをしているときはいつか。まず、この傾向をつかむこと自体が、外傷予防の基礎知識となる。さらに、けがの発生要因や改善策について「どこで」「いつ」を観点に話し合うことで、その学校・学年・学級に適した外傷予防の方法を児童自らの手で見付け出していくことができる。

【目標】

＊学校全体及び自分の学年・学級のけがの傾向を知る。
＊けがを減らすためにはどうすればよいかを考える。

【授業の流れ】

学習過程	学習内容・主な指導言	指導のポイント
導入	○けがにはどんな種類があるかな。	・外傷（けが）には様々な種類がある。これらを学習の最初の段階で確認することで、どのような外傷を対象に学習していくのかが明確になる。
展開	○学校（学年・学級）全体ではどの種類のけがが多いか・どこで起こっているか、いつ起こっているかを考えよう／知ろう。	・自らの経験をもとに発生しているけがの傾向を考えることで、主体的に分析することができる。最後に正解を示し、けがの傾向を学級全体で確認していく。
展開	○なぜけがをするのか、どうすればけがを防ぐことができるのかをグループで考えよう。	・児童が「どこで」「いつ」けがが発生したかを予想し、同じ枠組みで議論したい仲間と一緒に、グループでけがの発生原因と予防策を検討する。一見すると非現実的に感じられるアイデアを出す児童に対しては、実現可能かどうかを考えられるよう声をかけていく。最後に、クラス全体で意見を交流する。
終末	○学校でのけがを減らすために、自分自身が気を付けたいことをまとめよう。	・自分自身が仲間と一緒に考えた予防策や、他の班で検討されたことを手がかりに、自らの生活で何に気を付け、生活をどのように変えたいかを振り返ることで、具体的な行動の変容につなげていく。

学校における　安全教育・危機管理ガイド

【板書】

[けがのしゅるいと回数]		[どこで?]	じゅ業中	休み時間	通学中	放か後	[けがをへらすには]
だぼく	98	運動場	◎	○		◎	・走らない
すりきず	72	教室		○			（人がいるとき）
ねんざ	45	体育館	○				・ふざけない
切りきず	38	ろう下		○		◎	・む理をしない
やけど	25	階だん		○			・ルールをまもる
こっせつ	3	通学路			○		

○月○日　学校でのけがをへらそう
[いつ?]　○…けがが多く起こっている

【参考資料】

①養護教諭との連携をとることで、学校ならではの学習内容を！

　この授業は、養護教諭との連携なくしては成り立たない。「いつ・どこで・どのような」けがが発生しているのかをきちんと把握することが、外傷予防の第一歩となる。

　本校では、タブレット端末を使って、児童自身でもけがに関わる情報を入力できるようにしている。

　授業に取り組むときは、養護教諭と連携を図り、それぞれの学校に適した学習内容で授業を進めていくようにする。

②名前マグネットで視覚的にけがの発生要因を捉えよう！

　「どこで」「いつ」けがが発生したかについて話し合うグループをつくるとき、１人１人が名前マグネットを黒板に貼るようにする。そうすれば、児童の感覚として、「どこで」「いつ」けがが多く発生しているかを視覚的に明らかにすることができる。

――――――――【成果が数字で見える！】――――――――

　「外傷予防」の授業は、実施した成果が数字に表れる。この授業を行う前と後で、けがの発生件数や発生頻度が変わっていたら、そのデータをもとにさらに深い分析を進め、次年度の授業に生かすことも可能である。もし、近隣の小学校同士で連携が取れるようなら、お互いにけがの発生率（けがの発生件数／児童数）を報告し合い、比較するのも効果的だろう。

3年 ──────────────────────────────── 交通安全

自転車の交通ルール
〜自転車ってどんな乗り物？〜

【授業のねらい】

　自転車の交通ルールはここ最近で大きく変更されている。これは、自転車事故の件数が増加したためである。児童が正しい交通ルールを知ることや、安全に走行するための点検の仕方を学ぶことは大切である。そのうえで、自転車に安全に乗るには1人1人が何に気を付けたらよいのかを考えられるようにする。また、学校で自転車に乗る機会は少ないので、家庭にも周知し、自転車に乗る機会をつくるよう声かけをしたい。

【目標】

＊自転車の特徴を知り、自転車の安全な乗り方について考える。

【授業の流れ】

学習過程	学習内容・主な指導言	指導のポイント
導入	○自転車は、歩行者と車のどちらに近い仲間でしょう。	・車と歩行者を比べて考えることで、自転車の特性に目を向けさせる。
展開	○「はらぶったべさ」は、どんな意味があるのでしょう。 ○実際に自転車に乗る場面で気を付けることを考えましょう。	・自転車が壊れていると自分も相手も事故になることを押さえ、安全点検の仕方を知る（ハンドル・ライト・ブレーキ・タイヤ・ベル・サドル）。 ・自転車に乗る側の立場で交差点・道路の2か所において、発進の方法と止まり方を話し合わせる。 ・話し合うためのツールであるボードに考えを書いていくことで、自転車の安全について考えを広げていく。 ・班の話し合いを発表・交流することで、自転車の安全を多角的に考えることができる。
終末	○自転車に乗るときに自分が実践してみようと思うことを書きましょう。	・自分がやってみたいことを聞くことで、自分が自転車に乗る場面を想像しながら、交通ルールを確かめることができる。

【板書】

点けんの方ほう		
○月○日　自転車の安全		

点けんの方ほう
- ハンドル　まっすぐ
- ライト　明るくつく、まっすぐ
- ブレーキ　ブレーキがきいている
- タイヤ　空気、みぞ
- ベル　手をはなさず鳴らせる
- サドル　高さはあっている

どこを走る？
- ボード①
- ボード②
- ボード⑤
- ボード⑥

気をつけていること
- ボード③
- ボード④
- ボード⑦
- ボード⑧

【参考資料】

①ボードの活用

　児童が話し合うためのツールとして、クリアファイルに1つの場面を印刷した紙を入れて、そのファイルにマーカーで意見を書き入れながら話し合いをした。矢印などを使いながら、ポイントを絞って意見の交流ができ、発表の際にも一目で意見が理解できる。

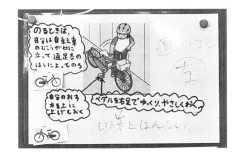

②実物を使用して学習意欲アップ！

　自転車の点検では、実物を使って見せながら点検をした。児童が実際にさわって動かして仕組みを確かめ、教師が操作して見せることで、安全点検のイメージができるようにした。何よりも実物は、児童の意欲をかきたてる。さらに、自分が説明する際にも実物を使いながら説明していて、発表意欲の向上にもつながっていた。

―――――――――【児童の実態に合わせて】―――――――――

　学習に入る前に自転車についての質問をした。本校の児童は遠くから通学してくる。普段、地域で自転車に乗る機会は少ない児童が多い。実際に見て、乗ってみる機会をつくることで自転車のルールも考えやすくなるだろう。本校の児童は、6年生の遠足で自転車を使う。それまでに乗ることはもちろん、ルールもしっかり理解しておく必要がある。

3年 ───────────────────────────── 生活安全

水難
～安全で楽しい水遊び～

【授業のねらい】
　夏休みなどに、児童は家族で川や海に出かけることが多くなると予想される。夏になる前に、今一度、水の危険について考えることが必要である。ただ、水は怖いものであるということで終わるのではなく、危険な状況にならないように判断することの大切さを学ばせたうえで、児童には水遊びを安全に楽しんでほしい。

【目標】
＊水遊び（川・海）に潜む危険について知り、川や海での安全な遊び方を考える。

【授業の流れ】

学習過程	学習内容・主な指導言	指導のポイント
導入	○水遊びと聞いて思い浮かぶことは何ですか。	・家族との水遊びの思い出や遊んで楽しかったことを学級で交流することで、水の危険だけに目を向けるのではないことを押さえる。
展開	○楽しい海での思い出はどんなことですか。 ○海遊びには、どのような危険が潜んでいるでしょう。 ○1491は何の数を表しているでしょう。 ○安全に楽しむために大切なことは何だろう。	・水遊びから「海」に焦点を当てて考えさせる。 ・海での思い出や経験を交流することで、海の楽しさを交流していく。 ・児童が今まで感じたことや経験したことの中から危険について考えさせる。具体的には、潮の満ち引きや波の高さ、危険生物、浮遊物について取り上げる。 ・1491という数は、平成26年度の水難事故の数である。具体的な数を取り上げ水難事故の実態を知るとともに、海の危険に目を向けさせることができるようにする。 ・海について知ること、浮き具などをつけること、大人と一緒に行動することが大切であると確認する。
終末	○こんなとき、あなただったらどうしますか。 ○楽しく安全に海で遊ぶために、みんながすべきことは何でしょう。	・海の危険性を知ったうえで取るべき行動と自分の心情が葛藤する場面を設定し（右記参照）、ロールプレイングさせる。 ・自分自身の考えをじっくり書く時間をとり、学んできたことを振り返る。

学校における　安全教育・危機管理ガイド

【板書】

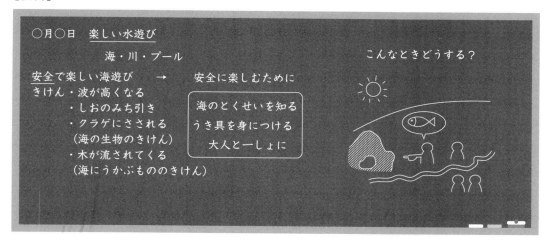

【参考資料】

○実体験を想像することが難しいものは、ロールプレイで！

「海で遊ぶときには気を付けないといけない」と学級全体で理解することができたとしても、海遊びの実体験が少ない児童にとっては理解だけで終わってしまうことも考えられる。そうならないためにも、実際に起こるかもしれないことを題材に、ロールプレイをすることで「安全に過ごすため」に理解していることと「自分の心」の間にあるズレに気付かせることが大切である。

――――――――――――【ロールプレイの例】――――――――――――

・友達と海で遊びます。安全に遊ぶために、家の人からライフジャケットを着るように言われました。ところが、ほかの友達は全員着ていません。あなたはどうしますか。

・家の人は砂浜でみんなを見てくれています。みんなは浅瀬で遊んでいます。友達が、「岩場の向こうにきれいな魚を見付けたよ。」と言いました。あなたは行きますか。行かないですか。

3年 ──────────────────────────── 生活安全

不審者・防犯
～危険な場所とは～

【授業のねらい】

　習い事をすることで夜暗くなってから帰宅することが多くなる。もちろん、家の人に迎えに来てもらうなど、暗いときに1人で外を歩かないことが原則である。しかし、家の人が急な用事で迎えに来られないなど、万が一に備えておくことは大切である。そこで、夜に駅から自宅まで1人で帰宅することをシミュレーションし、少しでも安全に家に帰る方法を考えられるようにする。

【目標】

＊暗くなってから1人で安全に家に帰るための方法を考える。

【授業の流れ】

学習過程	学習内容・主な指導言	指導のポイント
導入	○あなたは夜9時に池田駅にいます。お家の人が迎えに来てくれるはずでしたが用事があって来られなくなりました。安全に帰宅する方法を考えよう。	・導入では、児童が授業の必要感を感じることが大切である。そこで2つの方法で必要感を高めるようにした。 ①実際に小学生が塾帰りに誘拐された事例を紹介 ②帰宅が遅くなるときがあるか？その際の約束の交流 ・交流すると家の人が迎えに来てくれる家庭がほとんどであった。それが一番大切なことであると確認した上で、授業を展開する。
展開	○自宅に帰るにはAルート、Bルートどちらが安全か考えよう。 ○Aルート、Bルートがいいと思った理由を交流しよう。	・実際に自分の家と考えると児童によって条件が違うため、学校の最寄り駅の池田駅から共通の場所に帰宅するという設定で考えられるようにする。ルートを分かりやすくするために、地図と実際に歩いた動画を早送りで見せるとより効果的である。 《児童の意見》 Aルート（住宅街、暗い、狭い） ・住宅街だから声を出したら誰か出てきてくれる。 Bルート（大通り、明るい、広い） ・明るいから人目があって安心。
終末	○これから気を付けたいことを交流しよう。	・違う地点が家だった場合を提示し、学習したことを活用できるようにする。実際の生活で何が正解かは難しいため、そのときの状況に応じて臨機応変に考えることができる力を養いたい。

学校における　安全教育・危機管理ガイド

【板書】

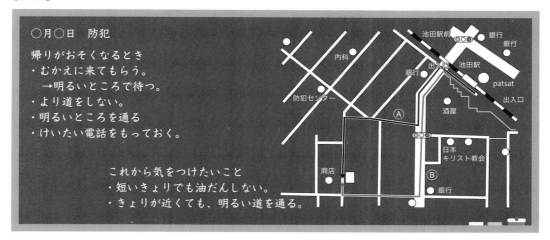

【参考資料】
①池田駅周辺の地図

　AルートとBルートを示してどちらが安全かを考える。なぜ、そのルートを選んだのかについての理由を交流することが大切であるため、ルートを2つに限定した。共通した資料で話すことにより内容への理解が深まっていく。

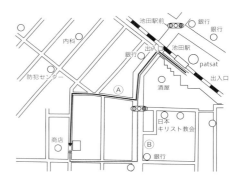

②Aルート・Bルートの動画

　いくら校区とは言え、暗くなってからこの道を通った児童は少ない。状況を共有しやすいように動画を撮影し、映像編集ソフトで早送りで再生した。周りの様子を把握することが目的なので、1回の動画の時間が短いほど、繰り返し見せることができる。

──────────【役立つ教材研究】──────────

　安全科はその学習内容が児童にとって身近なほど、必要感を感じる。公園の安全について学習するときでも、どこか知らない公園と校区の公園では児童の生活体験の想起がまるで違ってくる。動画撮影や映像編集は少し手間や時間がかかるが、学習内容を身近に感じさせる上で、効果は大きい。

4年　　　　　　　　　　　　　　　　　　　　　　　　　　　　　　　　生活安全

外傷予防
～できるかな？119番通報～

【授業のねらい】
　子供が実際に119番通報をする機会はゼロではないだろう。「火事ですか？救急ですか？」から始まる問いかけに一度でも答える練習をすることは、非常に有益である。どのような場合に救急車を呼ぶのか、一部有料化が検討されるほど軽傷者の搬送が多くなってきている現実に目を向けながら考えさせたい。

【目標】
＊けがの種類や程度を速やかに把握することができる。
＊119番通報の際の指令員の問いかけに答えられるようにする。
＊どのような場合に救急車を呼ぶべきかを考えることができる。

【授業の流れ】

学習過程	学習内容・主な指導言	指導のポイント
導入	○救急車を呼ぶときの電話番号を知っていますか。	・119番通報をすることで、消防機関に連絡できることを確かめる。
	○今年の2月にこんなニュースがありました。	・実際に小学生が通報をして友達の命を救った記事を読むことで、学習の必要性を感じられるようにする。
展開	○2つの119番通報を比べてみましょう。	・正しい通報例と間違った通報例の映像を比較させることで、正しい通報をするためのポイントを押さえる。
	○119番受付員と通報者に分かれて体験してみましょう。	・場面を想定し通報の体験をさせ、ポイントを押さえているペアを大いに褒める。また、通報の必要がない場面も提示し、「救急車を呼ぶ必要があるのか」も判断要素の1つであることに気付かせる。
	○どのような状況なら、119番通報をしますか。	・骨折や擦り傷など、負傷者のけがの程度を変えながら場面を提示し、負傷者がどの程度のけがなら通報するか自分なりの判断をさせていく。
終末	○119番通報をしなければならない場合、どのように通報しますか。	・通報をする際のポイントを振り返る。ポイントを発表した後、自分たちも人の命を救う手助けができることを意識させていく。

学校における　安全教育・危機管理ガイド

【板書】

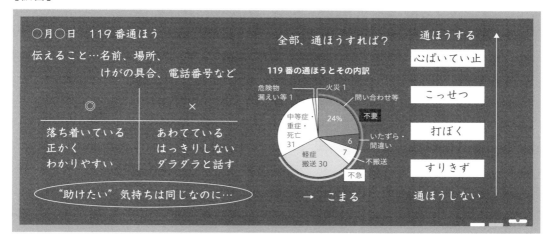

【参考資料】

①埼玉新聞2016年2月26日の記事

　「友達がけが…冷静に119番　さいたまの児童、適切な対応で表彰」

　小学5年生が、公園で一緒に遊んでいてけがをした友人のために、119通報をした。

　指令センターとの冷静な受け答えをしたことで、友人は大事に至らずに済んだ。

②119番通報の例

　横浜市消防局HP「119番通報のかけ方」(http://www.city.yokohama.lg.jp/shobo/seikatsu/119/)

③通報体験をする際の自作資料

④119番通報・出勤内容の内訳

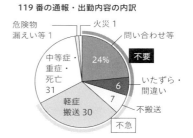

【社会科とのつながり】

　社会科の消防、警察の学習で、指令センターの職員の方にインタビューをすると、本時で押さえたポイントの大切さを改めて教えてもらうことができる。

第1章　実践・「安全教育」の授業

4年 — 災害安全

豪雨・土砂災害
～災害から身を守る～

【授業のねらい】
　日常生活の中で起こる自然現象。その中に豪雨や土砂災害が起こる危険性がある。山に近い地域だけでなく、都市部でも、豪雨による浸水の被害が起こる。そのような災害から身を守るにはどうすればよいのか。日常生活の中から考えて、見付け出す方法を話し合ったり、身の守り方を話し合わせたりすることによって、安全に行動できるようにさせたい。

【目標】
＊豪雨・土砂災害の恐ろしさを知る。
＊災害から身を守る方法について考える。

【授業の流れ】

学習過程	学習内容・主な指導言	指導のポイント
導入	○雨がたくさん降りすぎるとどうなると思いますか。	・大雨とは、災害が発生するおそれのある強い雨のことで、豪雨とは、災害が発生した大雨のことであると説明する。そして、豪雨による被害を紹介し、災害の恐ろしさを想像させていく。
展開	○身近な災害について知りましょう。	・実際に、児童が身近に住んでいる地域で起こった災害を紹介する。そして、身近に起こりうることを押さえる。
	○どうやって自分の身を守ることができると思いますか。	・災害が起こったときの家の中の様子を写真や動画で見せ、そのとき、自分の身を守るにはどうすればいいのかを考えさせる。 ・災害が発生した場合、避難するときに、持っていくものを考えさせる。
	○災害が発生したとき、何を持っていきますか。	・避難場所を知っているか、知らないかに着目して、意見を交流させる。
終末	○豪雨・土砂災害が発生した場合、どのように行動するか確認しましょう。	・自分の身を守る方法を確認し、他者の考えを知ることによって、安全に身を守る方法を確認していく。

学校における　安全教育・危機管理ガイド

【板書】

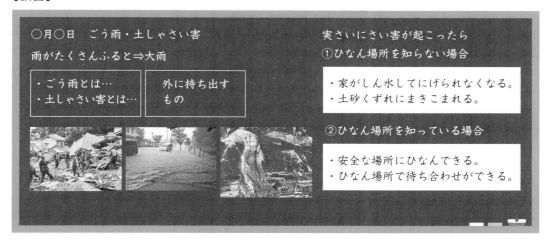

【参考資料】

①豪雨・土砂災害の写真

　冠水した道路で、車のタイヤが見えなくなるまで水位が上がっている写真を見せることによって、災害の恐ろしさを伝える。土砂災害によって、たくさんの土砂が住宅地に流された写真を見せることによって、災害の恐ろしさを伝える。

②児童が住んでいる地域の災害写真

　住んでいる地域であった過去の災害を知ることによって、災害を身近に感じさせることができる。児童が知っている場所なので、具体的にどこに避難すればよいかを話し合うことで、災害から身を守る方法をより一層考えることにつながる。

【理科とのつながり】

　小学5年生の理科「流れる水のはたらき」で、洪水を防ぐために、砂防ダムや遊水地などの工夫をしているということを学習する。4年生で、災害から自分の身の守り方を学び、さらに5年生で地域社会からも自分たちが守られていることの学びにつながると考えられる。

4年 生活安全

水難
～データから水難事故を考える～

【授業のねらい】
　4年生になると、グラフなどからデータを読み解く力が備わってきている。「どんな場所で水難事故が多く起こっているのか」「何が原因で水難事故が起こっているのか」などをデータから読み取り、より自分たちの問題としての意識を高めさせる。また二次災害についても考え、命を守るための正しい行動について考える。

【目標】
＊水難事故の場所や種類のデータを読み取り、いざというときの行動について考える。

【授業の流れ】

学習過程	学習内容・主な指導言	指導のポイント
導入	○次の頭文字で始まる言葉を考えよう。	・「う」「か」「プ」だけ板書し、どんな言葉かを連想させることで、今日の学習は水の事故について行うということを共通認識させる。
展開	○どんな場所で水の事故が多いのかを考えよう。 ○どんなことをしているときに事故が多いのかを考えよう。 ○お話を聞いて、自分だったらどうするかを考えよう。 ○助けに行かずに助ける方法はないかな。	・順位を考えさせると、プールが5位ということに疑問を感じる児童が出てくるので、海や河川などは見ている人がいないからこそ事故が多いことに気付かせる。後の二次災害を考えるときにもつながる。 ・円グラフを提示し、水に入っていないとき（魚釣りなど）にも事故が起きていることに気付かせて、浅くても溺れることがあることを実感させていく。 ・『溺れかけた兄妹』（有島武郎作）の話を聞かせて主人公の行動を考えさせる。感じたままを答えさせると、助けるべきという答えが多くなる。そのため、ネームプレートを黒板に貼らせて全体の考えを共有し、自分の思いを発表させる。そこで、救助をしたときの死亡率が50％であることを提示して、自分の命も他人の命も助ける方法はないかを考えさせていく。
終末	○この夏、水遊びをするときに気を付けたいことをワークシートに書きましょう。	・今日の学習をもとに、実際に自分はどんなことに気を付けたいかを考えさせることで、学びを定着させていく。

学校における　安全教育・危機管理ガイド

【板書】

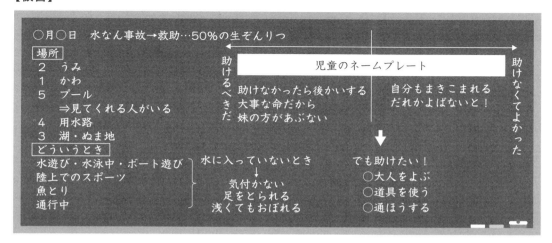

【参考資料】

○水難事故のデータ

　警察庁のホームページには、いろいろなデータが記載されている。今回は、水難事故の場所と種類のデータを使用した。データの一部分を隠すことで、児童の予想を裏切る意外性をねらいたい。そして、児童に「そんなに危ないのか…」や「どうしたらうまくいくのだろう…」と思わせるようにしたい。

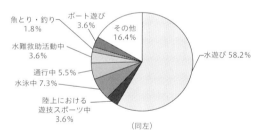

【学習意欲アップ！】

　授業後は実際に着衣泳をさせて、服を着ていると溺れやすいことを実感させたい。この授業で児童から、目の前で溺れている人を助けるために「道具を使う」という意見が出た。児童にとっての「道具」は浮輪などだが、ペットボトルのように身近な物の有効性を確かめさせることで実感を伴った授業にすることができる。

スーパーの袋を持って浮かんでいる様子

第1章　実践・「安全教育」の授業

4年　　　　　　　　　　　　　　　　　　　　　　　　　　　　生活安全

性被害
～性被害を防ぐために～

【授業のねらい】
　性被害は、男女問わず、年齢問わず起こりうることである。しかし幼いうちは、自分が被害にあったということに気が付かない場合も多い。まずは何をもって性被害というのかを、発達に見合った具体例で提示し、危険が迫ったとき自らを守る力を身に付けさせたい。また、もし被害を受けた場合に、助けを求める方法について考えさせることで、被害の深刻化を防ぐ。

【目標】
＊性被害の発生状況を知り、身を守る方法を考える。
＊性被害を受けた場合の対処の仕方を理解する。

【授業の流れ】

学習過程	学習内容・主な指導言	指導のポイント
導入	○プライベートゾーンって知っていますか。	・低学年の特別活動などで、すでに知っている場合もあるが、復習も兼ねて、確認する。
展開	○性被害には、どんなものがあるでしょう。 ○データは、実際の被害の件数よりかなり少ないと言われています。それはなぜでしょう。 ○もし被害にあったら、どうしたらいいですか。	・事例やデータから性被害の発生状況を知る。 ・被害者が訴えにくい状況があるという現状を、グループで考えていく。性被害は、体だけでなく心にも大きな傷を負ってしまうということに気付かせたい。 ・学習を進めるに当たり、以下のポイントについて共有する。①すぐにその人から離れる、②信頼できる人に伝える、③被害にあった自分は悪くない。
終末	○絵本の読み聞かせ。 ○被害者にならないためにはどのようなことに気を付けますか。	・最後に、性被害について幼児向けに書かれた絵本の読み聞かせをする。 ・自分の生活を振り返って、被害にあわないためにこれからどのようなことに気を付けるか書かせる。

学校における　安全教育・危機管理ガイド

【板書】

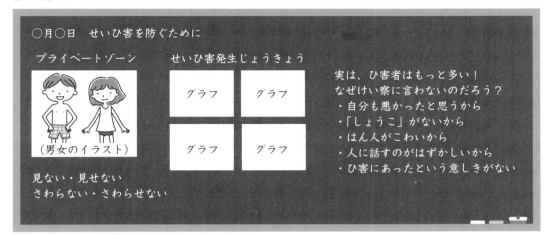

【参考資料】

①男女のイラスト

　学級の様子、児童の実態に合わせ、表現のソフトさや服装のスタイルなどイラストの選択には注意する必要がある。

②校区の警察署のホームページ

　授業に使いやすいデータは、なかなか見つかりにくい。警視庁のホームページもあるが、より身近に感じてもらうために、地元警察の生活安全課の統計などが参考になる。

③『いいタッチわるいタッチ』（だいじょうぶの絵本）復刻ドットコム、安藤由紀 著

　授業の内容理解にばらつきがあると、不安ばかりが大きくなったり、象徴的なキーワードだけ捉えたりして誤解する児童が出てくるかもしれない。あたたかい気持ちで、こうすれば大丈夫という安心感をもって授業を終えるために読み聞かせを行う。

―――――――――【性被害を扱うに当たって】―――――――――

・4年生保健の「育ちゆく体とわたし」と関連させて実施する。
・事例は、被害者が小学生、学校帰りの路上など、身近にありそうな設定にして他人事にならないようにする。
・一番注意しなければならないのは、すでに被害を受けている子が存在するかもしれないと意識することである。授業の中で、二次被害を受けることのないよう配慮が必要である。
・実際は、犯人が身近な人である場合も少なくない。しかし、全ての見知らぬ大人の男の人が危険と決めつけないようにしなければならない。また、身近な人の信頼を失いかねないような言動は慎むようにする必要がある。

5年

災害安全

豪雨・洪水・土砂災害
～ゲリラ豪雨への対応～

【授業のねらい】

　ゲリラ豪雨とは、短時間に局地的に降る強い雨のことである。川上でのゲリラ豪雨が、雨が降っていない川下に大きな被害をもたらすことがある。実例をもとにして、川下で被害に巻き込まれないための対処法を考えさせる。なお、「ゲリラ豪雨」とは、気象学的に定義された用語ではない。

【目標】

＊短時間に局地的に降る雨のことを「ゲリラ豪雨」と呼ばれる理由を知ることができる。
＊川上での豪雨が、川下に及ぼす影響を知り、その対処法を考えることができる。

【授業の流れ】

学習過程	学習内容・主な指導言	指導のポイント
導入	○「雨」と聞いて何を思い出しますか。	・夕立などを想起させて雨についての意識を確認し、今日の課題へと焦点化させる。雨の強さについて気象庁の表現をもとにイメージさせていく。
展開	○局地的大雨のことをゲリラ豪雨と言います。どんなところにいると危険ですか。	・「ゲリラ豪雨＝局地的大雨」と呼ばれる所以を伝える。ゲリラ豪雨になったとき、どんな場所が危険かを考えさせることで、「もし自分がそこにいたら」という意識がもてるようにする。
	○水難災害の映像を見て、その対処法を考えましょう。	・短時間で川の状況が変わる映像（参考資料①）から、自然による力に警戒が必要なことを認識させる。 ・自分の周りの状況だけでなく、遠くの状況が引き起こす災害について認識させることが大切である。
終末	○ゲリラ豪雨に対してどんな対策があるか見てみましょう。	・水難災害対策は、国レベル・自治体レベルなど子供の周りの環境づくりから、自分たちが取ることのできる行動レベルのものまである。その2つが重要なことを認識させていく。
	○命を守るためにどうしたらよいかまとめましょう。	・学びを行動につなげるという意識を高めさせる。

【板書】

【参考資料】

①都賀川水難事故

　穏やかな状況の川でも、上流で局地的に大雨が降ることで、短時間で水位の上昇が見られた事故。2008年7月28日、兵庫県神戸市灘区の都賀川で起こった。川の水位の急激な変化の危険性は、動画で見せることで認識させることができる。

13:20　大雨洪水注意報発令
13:55　大雨洪水警報発令
14:30　急激に濃い雲が現れ、雷鳴が聞こえる
　　　　50人以上が川の近辺にいたままの状態
14:36　降雨
14:40　激しく降り始める
14:42　増水開始　　　　　約2分間
14:44　1.3メートル　水位上昇

ピーク時には
約37m³/秒
3m/秒

②未然に水難事故を防ぐ設備
・気象警報を河川にいる人たちに向けて知らせる「回転灯」。
・地下に水が流れ込むことを防ぐフラップなど、国や自治体などの対策を紹介し、命を守る設備について知らせる。

―――――――――【理科とのつながり】―――――――――

　5年生の理科では、天気について学習する単元がある。雨の降り方については大雨・小雨・梅雨など名称を知っていると考えられるが、さらに実際の雨の降り方とそのときの命を守るための行動を結び付けることが重要である。「流れる水のはたらき」や「台風」の学習も関連付けることもできる。

5年 ——————————————————————————————————— 生活安全

食中毒
～食の安全を考える～

【授業のねらい】
　食品には美味しく安全に食べることのできる賞味期限や消費期限が示されている。児童だけでなく、大人もその表示に頼って食べられるかどうかを判断することが多い。しかし保存方法を誤れば食べられる期限も変わり、そもそも生鮮食品や自炊したおかずには消費期限が示されていない。目の前の食べ物は食べられる状態であるかは、最終的には自分で判断しなければならない。

【目標】
＊食品に合った保存方法が理解できる。
＊品質表示の見方を知り、食品の状態を判断する方法が理解できる。

【授業の流れ】

学習過程	学習内容・主な指導言	指導のポイント
導入	○食品を選ぶとき何に気を付けていますか。	・まず、最初に児童から出る意見は「値段」である。値段と品質のバランスは大切なことである。児童は期限や添加物、マーク、鮮度など食品を選ぶときの観点はこの段階でよく分かっている。しかし、表示ばかりに頼ってしまい、食品そのものを正しく判断できていないことを自覚させていく。
展開	○新鮮な野菜の見分け方と正しい保存方法を知っていますか。 ○味噌汁が腐ってしまいました。どうやって気付いたでしょう。	・何でも冷蔵庫に入れて済ませてしまうことが多いが、野菜にはそれぞれに合った保存の方法があることを教える。そのことにより、保存方法を予想することができるようになる。 ・においや色がいつもと違えば危険信号であることに気付かせる。すっぱいにおい、濁った色は本来の味噌汁の状態ではない。いつも大丈夫だからという思い込みが食中毒につながるのである。 ・また普段の食事で味や色どり、においを感じながら食べていればすぐに異変に気付く力が付く。
終末	○美味しく安全に食べるために「やるべきこと3か条」をノートに書きましょう。	・食べ物を見る目、食べ物の変化に気付く目が少し備わった児童の目をさらに養うためには、これから食品やおかずの何を見なければならないかを自覚させなければならない。

学校における　安全教育・危機管理ガイド

【板書】

```
○月○日　食品の選び方・保ぞんの仕方を知ろう
食品選び                                   新せんな野菜　保ぞん方法
  〈生せん食品〉　〈加工食品〉
    せんど　　　　期限
    しゅん　　　　てん加物
    産地

「やるべきこと３か条」
  ・色やにおいをたしかめよう。           みそしるがくさっていた？
  ・正しく保ぞんしよう。
  ・食べ物の『いつもどおり』を知ろう。   美味しく安全に食べるための３か条
```

【参考資料】

①新鮮な野菜の見分け方の写真

　児童はコツや裏技といったものを好む傾向がある。すでに知っている児童は自信満々に発表する。初めて知った児童も興味津々である。どこを見れば新鮮なのかを知り、「おうちの人に教えてあげたよ」と話す児童もいた。

②新鮮な食べ物と腐った食べ物の写真

　家庭で出される食事や給食は、安全や衛生に細心の注意を払っている。そのため、腐った食べ物、特に調理されたものが腐った様子を見たことのない児童もたくさんいる。腐るとどのようになるか、写真や映像で確認できるとよい。

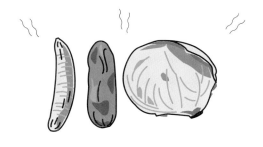

【学習意欲アップ！】

　食べることは生きることに直接つながり、毎日の生活に欠かすことはできない。そのため児童は意欲的に学習に取り組む。資料となる写真や映像を十分に準備することはもちろん、可能な限り実物を用意し、実物が手にとれるような環境をつくることが必要である。写真からは伝わらないみずみずしさ、かおりを全身で感じる経験が食中毒予防にもつながっていく。

第１章　実践・「安全教育」の授業

5年   生活安全

性被害
～性暴力の加害者にならないために～

【授業のねらい】

　性加害は、自己中心的な欲求による自制心のない言動が人の心身を傷付けることをいう。学級内で起こりそうな身近で具体的な事例を挙げ、加害者になりかねない自分の言動を振り返り、性加害の認識の甘さに気付かせる。

【目標】

＊性加害について知り、「ちょっとふざけただけ」であっても、それがいかに人の心に深い傷を負わせるかを考える。

＊自分の日頃の言動を振り返り、性の加害者にならない正しい判断力を養う。

【授業の流れ】

学習過程	学習内容・主な指導言	指導のポイント
導入	○プライベートゾーンって知っていますか。	・復習も兼ねて、確認していく。
展開	○性的ないやがらせをされた側は、どんな気持ちになるでしょうか。	・小学生に起きている性的ないやがらせに関する事例やデータを提示する。被害を受ける側の気持ちを考え整理し、共有していく。
	○加害者となった児童はなぜそんなことをしたのでしょうか。	・加害者側の児童の思考を、複数提示していく。加害者側の理由に納得してしまわないよう、あえて教師から一方的に出すようにする。
	○性的ないやがらせは、どうして小学生にも起こっているのでしょうか。	・「それはひどい」と思う事例、「身に覚えがある」と思う具体的事例を出し、加害者側の軽い気持ちと、被害を受ける側の深刻な心の傷のギャップの大きさに気付かせるようにする。
終末	○加害者にならないためにはどのようなことに気を付けますか。	・これまでの自分の言動を振り返って、加害者にならないために、これからどのようなことに気を付けるかを書かせる。

【板書】

【参考資料】
①男女のイラスト
　学級の様子、児童の実態に合わせ、表現のソフトさや服装のスタイルなど、イラストの選択に注意する必要がある。

②校区の警察署のホームページ
　授業に使いやすいデータは、なかなか見つかりにくい。警視庁のホームページもあるが、より身近に感じてもらうために、地元警察の生活安全課の統計などが参考になる。

――――――――――――――【性加害を扱うに当たって】――――――――――――――
・5年生保健の「心の発達」と関連させて実施する。
・事前に、「性被害」について学習しておく。
・事例は、被害者、加害者ともに小学生など、身近にありそうな設定にして他人事にならないようにするが、「クラスの○○だ」という声が上がらないように、内容をよく検討する必要がある。
・一番注意しなければならないのは、すでに被害を受けている子が存在するかもしれないということである。授業の中で、二次被害を受けることのないよう配慮が必要となる。
・同性同士や女子が男子にということも起こりうるし、傍観していることも加害の一端を担っていることなど、気が付きにくい視点を与えるようにする。
・心が傷付くとはどういうことなのか、自尊感情の低下を具体的にイメージさせると理解しやすくなる。

5年 　　　　　　　　　　　　　　　　　　　　　　　　　　　　災害安全

防災
～家庭科室にいるときに地震が起きたら～

【授業のねらい】

　学校では年に3回程度、防災の避難訓練を行っている。しかし、多くの場合は普通教室からの避難訓練であり、特別教室からの訓練は行っていないことが多い。家庭科室で使用する裁縫用具や調理用具でけがをする危険性は極めて高い。地震が起きる前に想定しておくこと、備えておくことが、大きな被害を防ぐことにつながる。

【目標】

＊家庭科室で地震が起きたときに取るべき行動を考えることができる。
＊家庭科室での地震に備えるべきことや心がけるべきことを考えることができる。

【授業の流れ】

学習過程	学習内容・主な指導言	指導のポイント
導入	○家庭科室にいるときは、地震が起きても机の下に避難できません。どのように身を守ればよいでしょう。	・一次避難の方法をイメージさせて、普通教室と家庭科室では造りが全く違うことを意識させる。自分たちのアイデアで身を守る解決策を考える面白さを実感させていく。
展開	○調理中と裁縫中に地震が起こった場合に、できるだけ被害を少なくする方法を考えましょう。 ○普段からできる地震への備えはありますか。	・今までの実習経験から、裁縫用具や調理用具がどんな動きをするのかを考えることで、地震が起こったときの動きだけでなく、もしものときに備えて物をどう置き、使うべきかを考えさせる。 ・調理中、裁縫中、両方に共通することの3つに分けて考えることで、より具体的な場面がイメージできるようにする。 ・家庭科室で使う用具には重い物やとがった物なども多くある。用具を使わないときは決められた場所に片付け、必要ない物は出さないことを徹底することの大切さに気付けるようにする。
終末	○家庭科室で地震が起こったときあなたはどのような行動をとりますか。	・今まで考える機会がなかった家庭科室での地震について、1時間考えたことが大切な経験となる。たくさんの身を守るための方法を知ったうえで、自分に合う身の守り方を意識させていく。

学校における　安全教育・危機管理ガイド

【板書】

○月○日　家庭科室にいるときに地しんが起きたら

家庭科室からのひなん
- ベランダに出る
- 教科書で頭を守る
- 家庭科室の中央へ移動する
- シンクに調理道具を入れる

ソーイング
- はなれる
- ミシンを止める
- ハサミはシンクへ

クッキング
- 火を止める
- お湯を流す
- まな板で頭を守る
- 包丁はシンクへ

ふだんからできること

【参考資料】

①実物を使って

　ミシンの重さ、水の入った鍋の重さなどは頭で考えているより随分と重い。重い物が机から落ちてきたらどうなるのか、実際の物を使って実際の場所で感じることが大切である。また、まな板で頭を守れるのかなども、実際に試してみることも重要である。

②実際の場所でやってみる

　用具の置き場所は適切か、いすを置く位置は適切かについて、実際の場所で物を動かしながら確認してみるとよい。机上の論だけでは本当に地震が起きたときに想定していたとおりにならないかもしれない。

【協働学習】

　家庭科室での学習と一言で言っても、その学習内容は様々で、使用している道具も様々ある。どんな物がどんな場面で危険なのか、どうして危険なのかを具体的に考えることで、日々の学習での行動に対する意識の変化にもつながっていく。場面を具体的に考え、実際に動いてみることで、いざというときに使えるかどうかを判断する。そのためにも、児童からとにかくたくさんのアイデアを出させることが大切となる。

6 年   生活安全

外傷予防
～学校でより安全に過ごすために～

【授業のねらい】

　けがをするのは運が悪いからではなく、必ず何か要因がある。学校で起きたけがを提示し、人的要因と環境要因の両方に気付かせることにより、同じようなけがを繰り返す可能性は低くなるはずである。自分のためだけでなく、学校全体の安全のために、校内環境を積極的に改善していこうとする意欲をもたせたい。

【目標】

＊人的要因と環境要因によってけがが発生することを理解する。
＊学んだことを活かして、学校がより安全になるよう努力する。

【授業の流れ】

学習過程	学習内容・主な指導言	指導のポイント
導入	○学校でどんなけがをしたことがありますか。ホワイトシートに書きましょう。	・６年生にもなれば学校でけがをしたことがないという児童はほとんどいない。どんなけがをしたのか、どこでしたのかを思い出すだけで学習の構えができる。
展開	○なぜけがが起きたのだろう。要因を考えよう。	・何人かにけがを発表してもらい、そのけがの要因を全員で考えていく。その際、けがの要因には人的要因と環境要因があることを押さえる。
	○４つの場所のけがの予防策を考えよう。	・実際に学校でけがが起きた場所を保健室の先生が紹介している動画を見せる（参考資料①）。その後、これ以上けがを出さないために予防策を考えていく。
終末	○考えた予防策を発表しよう。	・電子黒板などに大きく提示した写真（参考資料②）に書き込んだり、ポインターで示したりしながら、予防策を発表する。 ・実現可能なものやよい視点をもっている予防策はどんどん褒める。
	○学校が安全になるように、６年生がお手本になろう。	・最後に、６年生として学校がより安全になるための態度・行動面も意識させる。

学校における　安全教育・危機管理ガイド

【板書】

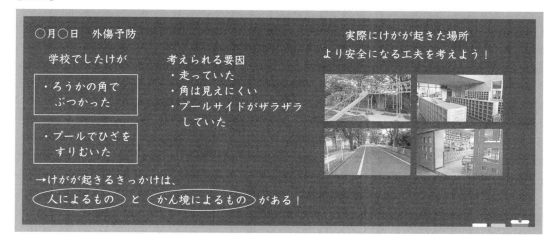

【参考資料】

①保健室の先生が動画でけがを紹介

　4つの場所について、保健室の先生に実際にどんなけがが起きたかを説明してもらう。保健室の先生の願いも合わせて伝えれば、より安全に過ごしたいという意欲につながる。

②実際に校舎内でけがが発生した場所の写真（4枚）

　靴箱・学校前の坂・運動場にある総合遊具・教室の写真を提示した。この4つの場所は大きなけがが起きた場所や、日常的にけがが多い場所となっている。場所やけがの例を選ぶ際には、個人が特定されるものを避け、誰もがけがをする可能性のある場所を選ぶようにする。

―――――――【学習意欲アップ！】―――――――

　よく考えられた改善策は、授業後に校長先生に見てもらい、その中でも実現可能なものを2点採用することになった。右の写真は、靴箱の角でけがをする可能性があることから、コーナーガードを取り付けているところである。考えた児童自身が取り付けていった。

第1章　実践・「安全教育」の授業

051

6年 ──────────────────────────────── 情報モラル

SNS によるトラブル
～何気ない一言で～

【授業のねらい】
　小学校高学年から中学生にかけて、スマートフォンや携帯電話を自由に使える機会が増えてくる。もちろん、各家庭でフィルタリングサービス等を使って、有害サイトに入れないように設定することで犯罪に巻き込まれないようにすることができる。しかし、サイトに入れないようにすることやアプリを使えないようにするだけで、子供たちの安全が守られているだろうか。本授業では、携帯電話でコミュニケーションをとるときにどんなことに気を付ければよいかを考え、実生活に生かせるようにしていきたい。

【目標】
＊インターネットに潜む問題を正しく知り、上手に付き合う方法を自分なりに考えることができる。

【授業の流れ】

学習過程	学習内容・主な指導言	指導のポイント
導入	○携帯電話では、どんなことができますか。知っていることをワークシートに書きましょう。	・学級の中で携帯電話を持っていない児童もいる。そこで、携帯電話でどんなことができるかを交流することで携帯電話を持っていない児童でもイメージをふくらませることができる。
展開	○グループチャットをしているところをのぞいてみよう。	・無料通信アプリを使ってグループチャットをしている場面での問題点を考えさせる。電子黒板を使って、本物と同じようにやり取りをする画面を提示することで、より実生活に近付けて考えることができるので効果的である（参考資料①）（参考資料②）。
	○どうして返事を返してくれないか考えよう。	・自分だったらどんな気持ちになるか送信側と受信側の立場で考えさせる。また、返事をしてもらえなかった原因から改善策を考えさせる。
終末	○無料通信アプリやメールを使うときに気を付けることを発表しよう。	・SNS は危険だから使わないということではなく、使い手が注意して利用することが大切だということを押さえる。そして、自分たちの言葉で SNS の利用の仕方を発表し、実際の生活に活かすようにしていきたい。

学校における　安全教育・危機管理ガイド

【板書】

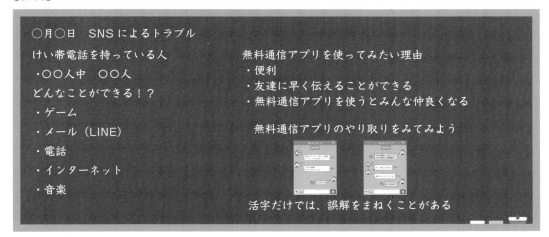

【参考資料】

① 「どこが⁉」と送ったあと、ライン外しが始まった。「どこが⁉」と送った側は、分からなかったところを聞いている。しかし、受け手は送った側の気持ちを読み取ることができなかった。受け手は「どこが⁉」と聞いてどのように考えたかを話し合い、考えさせる。

② 「何で来るの？」と送ったあと、返事が来なくなった。どうして、来なくなったのか、誰に原因があるのかを考えさせる。「何で来るの？」には、「相手に来てほしくない」と「どの交通手段で来るのか」の両方の意味で受け取られる可能性がある。短い言葉だと誤解が生じやすいので、送り手も受け手も注意する必要がある。

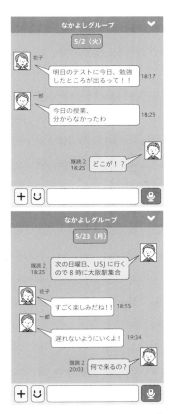

―――――――――【教材提示の仕方】―――――――――

　安全学習において、机上の空論で終わらせてしまってはいけない。教材がよりリアルにイメージできるものであれば、児童も身近に感じ、考えが深まると考えられる。無料通信アプリのやり取りを電子黒板で提示することで、自分の生活と照らし合わせて考えることができる。

6年 ——————————————————————————————— 情報モラル

インターネット
〜ネット依存〜

【授業のねらい】

　6年生ともなると自分専用の携帯電話、スマートフォンの所有率は高くなっている。個人で所有することで、どうしても携帯電話やコンピュータ等によるインターネットの使用機会は増えてくる。時には、ネット依存という問題が起こる。「自分には関係ない」と思う意識を変え、そこに潜む問題を正しく理解し、上手く付き合う方法を自分なりに考えていくことが大切である。

【目標】

＊無料通話機能ソフトに関する問題点を知る。

＊トラブルに巻き込まれないようにするためには、インターネットとどのように付き合っていくか自分に引き寄せて考える。

【授業の流れ】

学習過程	学習内容・主な指導言	指導のポイント
導入	○インターネットを1日にどれぐらい利用しているかな。	・インターネットの利用目的や時間帯、使用時間などを振り返りながら、インターネットが日常生活に欠かせないツールであることを確認する。
展開	○ネット依存に関する映像を見てみよう。	・小学生がネット依存になってしまう動画を見ることで、児童がその危険性を理解できるようにする。
	○ネット依存になると、どのような問題が起こるかな。	・思考ツール「するとツリー」を活用し、ネット依存が引き起こす問題について考える。個人で考えた後、グループでホワイトボードにまとめることで、様々な問題につながる可能性があることを理解できるようにする。
	○自分がネット依存になった場合、どの問題にまで陥ってしまうかな。	・自分事として考えられるように、名札マグネットを活用して自分が陥ってしまうかもしれない問題を視覚化する。
終末	○ネット依存にならないためには、どんなことに気を付けるとよいかな。	・ネット依存にならないために、気を付けるべきことを全体で話し合う。多様な方法を出すことで、自分や家庭に合った対策を選択できるようにする。

【板書】

不安・ストレスの増加	ね不足になってしまう	イライラしてしまう	集中力の低下
↓	↓	↓	↓
外出できなくなる	授業に集中できない	物や人に八つ当たり	勉強がわからなくなる
↓	↓	↓	↓
ネットを使ってしまう	成績が悪くなる	ネットを使ってしまう	学校に行きづらくなる

気をつけるべきこと
・時間を決めて使う
・お家の人とルールを決める
・ねる前にしない
・お家の人のいる前で使う
→　一人のときはしない

お家の人と話し合いながら
自分なりの対策を考えよう！

【参考資料】

①ネット依存の危険性を動画で紹介

小学生が陥りやすいネットゲーム依存を事例に取り上げると自分事として考えられる。

「情報化社会の新たな問題を考えるための児童生徒向けの教材、教員向けの手引書〜安全なインターネットの使い方を考える〜」（文部科学省作成）

②思考ツール「するとツリー」

連鎖的に問題が引き起こされる場合などを考える際に有効な思考ツールである。本時を例とすると、「ストレスが多くなった。すると、病気になってしまった」（内的問題）。「ネットを長時間するようになった。すると、多額の請求がきた」（外的問題）などが書かれていた。

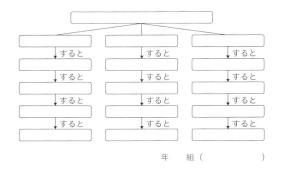

年　組（　　　　　）

【家庭と連携を】

本時の終末では、自分や家庭に合った対策を考えるようにしている。家庭環境によって、インターネットの利用状況が変わるからである。それゆえ、学校は各家庭でルールづくりに取り組むように投げかけていく必要があるのではないだろうか。本校では、学校のホームページを利用して本実践を保護者にも発信するようにしている。

第 2 章

「安全管理」と
「不審者対応訓練」

1

大阪教育大学附属池田小学校の安全管理

1．平成13年6月8日の事件から学んだこと

　事件発生当初、我々教職員は、できるだけのことを精一杯やったと考えていた。しかし、「冷静に判断し最善のことができたのか。」という問いに対して、「できなかった…。」と言わざるを得ない現実に直面した。その反省から、教職員1人1人が、学校安全・危機管理に関しての重要性を見直し、日頃から常に意識を高くもたなければならないと痛感した。

　学校再開に向けて、校内で児童の安全を守る様々な約束事を整え、校内安全規則や不審者対応マニュアル等の検討、作成を行った。学校再開以降、教職員による不審者対応訓練を年に5回以上行うなど、普段から安全管理意識を高め、悲劇を二度と繰り返さないよう努めてきた。

　校舎は安全性を重視して生まれ変わった。しかし、安全性の高い校舎が児童の安全を保障するものではない。児童の安全を守るのは、施設や設備ではなく人間なのである。

2．日常の安全管理と安全設備

(1)「来校者に関する安全規則」

　来校者には、IDカードの着用義務を徹底している。事件での反省を踏まえ、学校関係者か否かを瞬時に判断できるようにした。着用していない者は学校に入ることはできない。保護者であっても、必ずIDカードを着用してから校内に入ってもらっている。

　玄関の外に事務室の出窓を設け、郵便物等は、その窓から受け取れる。職員は、自然と外が見える向きで座っている。

(2)「校舎内の安全管理」
①「カーテン・ブラインド」

　危険予知や危険を知らせる目的のため、直射日光を遮りつつ、外の様子が見えるようにブラインドの角度を調節している。カーテンやブラインドを使うときには、避難路の確保のため、児童がスムーズに通ることのできる高さを確保している。

②「児童机の荷物かけ」
　地震などで机が倒れたときでもスムーズに避難できるようにするため、荷物を何もかけていない。けがの防止にもつながる。

③「非常ベル・非常ブザーの設置」
　校内の314か所に非常ベルが設置されている。教室には対角線上に、廊下は両側に、トイレの個室にも設置するなど、設置場所にも工夫がされている。

④「コーナーガードの取り付け」
　けがを未然に防ぐために、ロッカーや柱、靴箱の角などにクッション性のあるカバーを取り付けている。

⑤「1mものさし」
　1mものさしを黒板の廊下側に常備している。授業での活用はもちろんのこと、いざというときには、相手との距離をとるために使うことができる。

⑥「児童の名札」
　名札は校内でのみ付けるようにしている。学校名は入っていない。表には学年、クラス、名前を記入し、裏には、名前（ふりがな）・電話番号（自宅・携帯）・血液型を記入している。名札のふちやピン止めを色分けして、学年・クラスが一目で分かるようにしている。

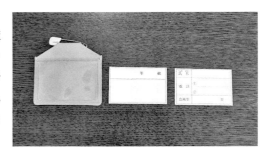

第2章　「安全管理」と「不審者対応訓練」

⑦「曲がり角に植木鉢」
　階段や廊下の曲がり角に大きめの鉢植えを置いている。曲がり角は見通しが悪く子供同士が衝突してしまう恐れがあるので、意図的に大回りをさせ衝突を未然に防ぐような工夫をしている。

⑧「学年コーナー」
　各学年フロアには、学年コーナーが設けられ、担任の机や本棚などがあり、教員の仕事スペースとなっている。緊急時に必要な「担架・連絡用トランシーバー・救急セット」が置いてある。また、どんなときでも学年フロアに1人は教員がいるきまりになっている。

⑨「職員室」
　職員室から玄関や廊下が見えるように壁がガラス張りになっている。コピー機やノートパソコンを使わないときは、必ず蓋を閉め、見通しをよくしている。職員の机は、本を立てて置かないきまりになっている。

⑩「児童の出欠管理」
　保護者はWeb上で欠席とその理由を入力でき、学校側はそれらをモニターで一括管理できる。病気の感染拡大や、欠席連絡の伝達ミスを防ぐことができる。

⑪「防災集中管理」
　非常ベルが押されたときに、どこで押されたのかを職員室で確認することができる。ここには一斉放送の設備もあり、瞬時に放送で指示を出すことができる。
　その場所に防犯カメラがあれば、モニターで確認することもできる。

⑫「さすまたの設置」
　児童がいるフロアには、1フロアに2本ずつさすまたを設置している。また、特別教室が多いフロアにもさすまたを置いており、どこにいてもすぐにさすまたを持って現場に急行できるようになっている。

⑬「吹き抜け」
　図書館や卓球場が職員室から見渡せるようになっている。休み時間も見守ることができる。

（3）「校舎外の安全管理」
①「非常用電話・非常ベル・非常ブザーの設置」
　非常ベルは、屋外に18か所設置されている。押すと、校内・校外にある非常ブザーが鳴り、危険を知らせることができる。非常ベルの横には非常用電話があり、校内に放送を入れたり、内線で連絡をとることができる。

②「赤外線センサー・フェンスセンサー」
　学校の敷地の周りにある外壁やフェンスの上には赤外線センサーやフェンスセンサーが設置されている。不審者が乗り越えようとすると非常ブザーが鳴る仕組みになっている。

③「防犯カメラの設置」
　屋外に12カ所設置されている。映像は録画され、遠隔操作で拡大して確認することができるようになっている。

第2章　「安全管理」と「不審者対応訓練」

④「体育館」
　市道と校舎との間の見通しをよくするために、両側面の壁はガラス張りになっている。

（４）「通学上の安全確保」
　学校再開直後から保護者の協力を得て、校内では教員が、校外では保護者が見守るという役割分担を確立した。教員は日直制で巡視を行い、保護者はPTA安全部会が中心となって立ち当番を行っている。平成28年度からは、下校時見守りも保護者が当番として行うこととなった。通学区域をいくつかの地区に分けて、児童の交流を図るとともに、年に5回地区別に下校し、危険個所の確認を行っている。

（５）「安全点検」
　右記の安全点検表に従って、全教員が教室をはじめとした学校施設を点検し、環境整備に努めている。不備な点が見付かれば、速やかに対応している。教職員全員が学校内の設備・備品の点検を行うことで、事故を未然に防ぐとともに、学校安全に関する意識の持続・高揚を図っている。

平成○年度　　　　　　　　　**安全点検表**　　　　　　　安全点検・営繕係

担当区域	1E・先生コーナー	担当者氏名	○○○△△

【記入上の注意】　担当区域に該当しない項目には……
　　　　　　　　　点検結果の良いものには……………
　　　　　　　　　点検結果の悪いものには……………

※×印の記入されているものについては、担当者が処理できるものは担当者が処理し、
　できないものは管理責任者が処理した後、処理欄に処理者の押印をすること。
※点検後、担当者は、確認印を押印すること。提出時は提出チェック表に○をつけること。

	点検実施日	4月8日		5月8日		6月8日		7月8日	
	担当者確認印								
	点検項目	結果	処理	結果	処理	結果	処理	結果	処理
共通項目	出入口は整理整頓されていますか。								
	水源は清潔に管理されていますか。								
	落下の危険のあるものはありませんか。								
	床上180cm までの高さに釘などの突起物はありませんか。								
	蛍光灯は切れていませんか。								
	非常ブザーに異常はありませんか。								
	エアコン、換気扇、加湿器は正常ですか。								
	壁に設置されている備品は固定されていますか。								
	机や椅子は安全に使える状態ですか。								
	電話・テレビ・ラジカセ・コンセント等設備は正常ですか。								
	床・天井・壁の剥がれや磨耗はありませんか。								
教室	教室ドア・窓は正常に開閉・施錠できますか。								
	ブラインド、カーテンは壊れていませんか。								
	ガラスは正常ですか。								
	ベランダに破損箇所はありませんか。								
	画鋲はしっかりとめられていますか。								
	1m 定規や棒を備えていますか。								
	児童用ロッカーは壊れていませんか。								
	掃除用具ロッカーは壊れていませんか。								
	教室備品の紛失・破損はありませんか。								
コーナー	机上やカウンターは整理整頓されていますか。								
	先生コーナー備品の紛失・破損はありませんか。（さすまた、トランシーバー、救急備品、掃除機、児童カードなど）								

担当場所の設備・安全についての気づきや問題点（具体的に）		処理
4月		
5月		
6月		
7月		

第2章　「安全管理」と「不審者対応訓練」

063

3．校外学習等における安全管理

しおり等をもとに事前指導をすることと、教員間の連携体制の確認を重視している。事前指導の際には、危険な場所や行動、あるいは万一の事態への対応について指導する。

特に宿泊行事のしおりは職員室内に掲示し、全教員が行事の内容を理解して緊急事態に備えている。各教員は携帯電話とともに緊急連絡網をもっていき、連絡体制が万全となるよう心掛けている。

4．教職員・保護者の普通救命講習

水泳指導が始まる前には、応急手当普及員資格をもつ教員が指導者となって、全教職員が普通救命講習を受け、心肺蘇生法やＡＥＤの使用について学ぶ機会を設けている。

ＰＴＡの安全部会と連携して保護者対象の普通救命講習も実施しており、教職員対象の講習と同様に、応急手当普及員資格をもつ教員が指導に当たる。毎年40名ほどの保護者が参加している。常に半数以上の教職員が応急手当普及員の資格をもつように、普及員講習会への参加を促している（詳細は72ページ）。

5．緊急時における安全管理

「緊急時対応マニュアル」に基づき、不審者対応訓練などを行い、教職員が高いレベルでの安全管理意識をもてるようにしている。

教職員を対象とした不審者対応訓練には、給食調理員・事務員・用務員を含めた全員が参加している。単に訓練を行うだけでなく、役割別に事前事後の話し合いを行い、危機管理への課題を共通理解しようと努めている。

訓練では、できるだけ現実に近い状況で行えるよう、訓練の流れは管理職にも知らされていない。教職員が不審者に遭遇したり非常ブザーを聞いたりしたところから訓練が始まる。警察役による不審者確保で終わりでなく、ＡＥＤの使用も含めた救命措置、行方不明児童の捜索、病院搬送の付き添いの確認、保護者への連絡まで全てを通して行う。

児童対象の防犯訓練は平成20年度より実施している。避難経路の確認や放送の聞き方、教室の扉を閉める方法等の指導に重点を置き、児童が冷静に行動できることを一番の目的としている。不安をあおるのではなく、安心につながるようにするための訓練と捉えているため、児童対象の防犯訓練では不審者役は存在しない。

6．インターナショナルセーフスクール・セーフティプロモーションスクール・「安全科」

本校では、施設整備や安全体制の構築に力を注ぐ一方で、児童が危険予知・回避能力等の安全に対するスキルを身に付けるとともに、命の大切さを実感することができる人間形成を目標とした、安全教育の充実が大切であると考えている。

本校は平成21年度より文部科学省から教育課程特例校の指定を受けて「安全科」を設置した。

これ以降、全学年が週に1時間、安全学習に取り組むようになった。

平成22年3月には、ＷＨＯが推進していたインターナショナルセーフスクール（以下 ISS）に日本で初めて認証された。これは、「安全である学校」ではなく「学校の安全推進のために、子供たち教職員、保護者、さらに地域の人々が一体となって継続的・組織的な取組が展開されている学校」を認証する制度である。認証に至る審査の過程で、「安全科」の取組は高い評価を受けた。

平成27年3月には、我が国独自の学校安全の推進のために大阪教育大学学校危機メンタルサポートセンターが推進するセーフティプロモーションスクールの認証を受けた。

認証はゴールではなくスタートである。これからも本校は学校安全の研究と実践及び成果の発信の責務を負い続ける。

7．警備・防災組織編制表（自衛組織編制表）

本部長（学校長）のもと、次のように組織を編制している。教室配置や時期によって編制を見直している。

（1）一覧

部・班	主な役割
対策本部　7名	○通報
災害対応班　8名 （通称：アトム班）	○不審者対応 ○消火活動
児童対応班　7名	○避難指示後の児童誘導 ○児童の人数・安否確認
救助班　　8名	○校内巡視→負傷児童への応急手当・搬出 ○校舎内残留児童の捜索
救護班　　8名	○救護体制の確立 ○負傷児童の全体把握

※各部、班の人数については、本校の実態に合わせたものである。
　各校で組織編制される際の参考にしていただきたい。

（2）各部、班の役割詳細

対策本部

不審者発見時、火災・地震発生時	児童避難後
○校内緊急放送 ○情報収集→教職員への指示 ○関係諸機関（警察・消防）へ連絡 　→情報提供 ○児童避難か教室待機か判断・指示 ○負傷児童の全体把握	●情報収集、教職員への指示の徹底 ●各学年点呼→負傷児童確認→集約 ●警察・消防・救急誘導→情報提供 ●搬送先病院への付き添い指示 ●授業継続か一斉下校かの判断 ●保護者への対応決定→説明 ●PTA実行委員・大学・各市教育委員会 　への連絡 ●マスコミ対応 ●テレビ・ラジオ等からの情報収集

災害対応班

不審者発見時、火災・地震発生時	児童避難後
○児童指示 ○不審者対応・初期消火 ○校舎内巡視→不審者・火災確認 ○状況報告	●不審者対応 　（警察が来るまでの時間稼ぎ） ●消火活動 ●警察・消防到着後、救助班に加わる

児童対応班

不審者発見時、火災・地震発生時	児童避難後
○児童指示→看護 ○避難経路想定 ○避難誘導	●児童人数確認→児童看護 ●安否確認→負傷者確認 ●緊急連絡網で保護者に連絡 ●児童安全確保後、災害対応班・救助班 　にまわる

救助班

不審者発見時、火災・地震発生時	児童避難後
○児童指示→校内巡視 　→負傷児童への応急手当・搬出 ○校舎内残留児童の捜索 ○状況報告（負傷児童名を含む） ○門扉開放 ○火気用具・薬品等の状況点検 ○電気・ガス・水道点検 ○重要書類の搬出・保管	●状況報告 ●救急車に同乗→搬送先から連絡 ●門扉開放 ●火気用具・薬品等の状況点検 ●電気・ガス・水道点検 ●重要書類の搬出・保管

救護班

不審者発見時、火災・地震発生時	児童避難後
○救護体制の確立 　（救急用品の搬出、救護所の設置） ○負傷児童の全体把握 ○救急隊・医療機関への連絡 ○精神的ケア	●負傷者搬入先確認 ●負傷児童保護者への連絡 　→本部と連携して行う

2

大阪教育大学附属池田小学校の
不審者対応訓練

１．不審者対応訓練の意義

　本校では不審者対応訓練を年６回、普通救命講習を年１回行っている。不審者対応訓練は、６回全てが同じ内容で行われるわけではない。それは、様々な状況に全教職員が対応できるようにすること、さらに、教職員全体の児童の安全を守る意識を高め、より高いレベルで訓練を続けたいという思いからである。

２．年間計画（平成29年度の例）

予定日	実　施　概　要	
	児童対象（授業中・休み時間）	教職員対象
４月４日（火）		不審者対応訓練①
４月11日（火）	避難経路確認	
４月24日（月）		普通救急法講習（CPR&AED）
５月２日（火）		不審者対応訓練②：防犯教室 （警察来校）
５月30日（火）		不審者対応訓練③
６月16日（金）	避難訓練（火災）	
９月４日（月）	避難訓練（地震）①	不審者対応訓練④ （基本実習生と共に）
10月27日（金）	避難訓練（防犯）	不審者対応訓練⑤ （併修実習生と共に）
１月17日（水）	避難訓練（地震）②	
２月24日（土）		不審者対応訓練⑥ （大阪教育大学附属池田小学校研修会での公開訓練）

学校における　安全教育・危機管理ガイド

３．防犯教室

　年に１回の防犯教室では、講師として大阪府池田警察署生活安全課防犯係の方を招いて訓練を行っている。様々な来客のケースを想定した対応をシミュレーションし、見て感じたことを教職員同士が意見交流するとともに、講師の警察の方に指導助言をしていただいている。

（１）時間設定
　全１時間15分（ケース別不審者対応訓練：30分／さすまたの使い方指導：25分）

（２）ねらい
・危機管理に対する意識を高め、維持継続していく。
・学校で、事件が起こった場合（不審者に直面した場合）の対応の仕方について、訓練を通して学ぶ。
・学校で事件が起こった場合、冷静に対応できる心構えを養う。
・教職員間の意見交流を通して、安全を重視する態度を維持継続していく。
・不審な来校者への対応を、各種シミュレーションを通して学ぶ。
・さすまたや防護盾、イスを使った不審者への対応を、実技を通して学ぶ。

（３）想定（例）
　授業中に、廊下を不審な来校者が通ろうとするところへの初期対応。

（４）訓練の流れ
①動きやすい服装で教室Ａに集合
　・はじめの言葉、講師の紹介
②不審者に直面した際の訓練
　【ケース１】　不審な来校者への対応　危険度小
　【ケース２】　　　〃　　　　　　　危険度中
　【ケース３】　　　〃　　　　　　　危険度大
③講師の先生（警察の方）からのコメント
④さすまた、防護盾、イスなどを利用した不審者への対応の実技講習（体育館）
⑤質疑応答

（5）シナリオの例
・（　　　）内に記載された教員が想定訓練を行う。
・残りの教職員は、児童役として参加する。

〈危険度小〉

　　①IDを付けず、忘れ物を届けに来た母親（■■）
　　【確認事項】1m定規[※1]・IDの指摘[※2]・誘導の方法
　　【　対応　】（■■）

〈危険度中〉

　　①IDを付けず、校内を歩いている男性〈正体は不明〉（■■）
　　【確認事項】1m定規[※1]・IDの指摘[※2]・誘導の方法
　　【　対応　】（■■）

　　②IDを付けて、児童に苦情を言いに来た父親（■■）
　　【確認事項】周囲に連絡の声が出るか・児童への指示
　　【　対応　】教室A（■■）　　　教室B（■■）　　　教室C（■■）

〈危険度大〉
　　①IDを付けず、刃物を所持し、児童に危害を加えようと侵入した男（■■）

　　【確認事項】フロアでの連携、その場での臨機応変な対応
　　【　対応　】教室A（■■）　　　教室B（■■）　　　教室C（■■）
　　　　　　　　教室D（■■）　　　教室E（■■）　　　教室F（■■）
　　　　　※訓練前に3人組で災害対応班、児童対応班、救助班の役割を決めておく
　　　　　　　　教室G（■■）　　　教室H（■■）
　　　　　　　　教室I（■■）　　　教室J（■■）
　　　　　※4名は各学年の災害対応班として各階の学年コーナーにて待機

※1　手に1m定規など、武器になるものを持っているか
※2　IDを付けていないことを指摘

4．安全設備の使い方

（1）さすまた

　■効果

　　さすまたは、凶器などをもった不審者との距離を取りながら、自分の身を守るために使う。不審者の動きを封じ込めるための道具だが、学校現場では決して不審者を取り押さえようとせず、子供から遠ざけるために使用する。

　■持ち方

　　利き手を前に柄の部分を持ち、反対の手は柄の端をもって腰のあたりで支える。

　　不審者と向き合うと、つい柄を短く持って力をこめようとしてしまうが、不審者と距離が近ければ近いほど危険になる。

　■構え方

　　腰のあたりで支えるため、膝を曲げて重心を低くする。不審者を封じ込めた場合は、全身の体重を前にかけるようにする。

　■ねらう場所

　①顔

　　さすまたの先の部分が顔に向かって来ると、不審者は一瞬隙を見せる。そのため、威嚇するときには、不審者の顔を目がけてさすまたを前後に振るようにする。

　②首の横から脇の部分

　　不審者の動きを封じるときには、さすまたの又の部分が床と平行になっていると、不審者から掴まれやすいため、斜めに動かすように心がける。押さえるときにも、首の横から脇の部分を斜めに押さえるようにすると、抵抗しづらくなる。

　③膝の後ろ

　　走って逃げていく不審者には、膝の後ろを突くようにして前に倒すようにする。床に押し付けるときには、不審者をうつ伏せにし、膝裏の下と首の部分をさすまたで2人がかりで押さえるのが効果的である。

（2）自動体外式除細動器（以下「AED」）を使った普通救命講習

■目的
①心肺蘇生法を行うことができる。
② AED について理解し、正しく使用できる。
③回復体位など、その場に応じた体位を知ることができる。
④異物除去法及び大出血時の止血法をおおまかに理解できる。

■準備物
　心肺蘇生訓練用人形、訓練用 AED、効果確認表、人工呼吸用フェイスシールド

■e-ラーニング（応急手当 WEB 講習）
　1時間程度の WEB 講習を受けた後、実技講習を2時間程度実施する。

■実技：グループ別講習
　応急手当普及員の資格をもつ教職員が中心となり、グループを編成して、様々な事態における AED を使った救急救命の練習をする。例えば、水泳指導中であれば、濡れた体を拭くこと、金属のアクセサリーを身に付けている人であれば、それらを取り外すことが必要であると確認する。「小さい子供だったら」「お年寄りだったら」「出血多量だったら」など、様々な事態を想定して救命措置を行うことが、実際に非常事態に遭遇したときに少しでも適切な対応ができる可能性が高くなることにつながる。

■役割分担と実技の流れ
　　①傷病者に気付く人
　　②近くにいた人
　　③救急隊

　①〜③の3役に分かれる。①の人は、周囲の安全を確認し、②の人に声をかける。119番に通報すること、AED をもってくることを指示し、自分は心肺蘇生を行う。
　②の人は、しばらく時間が経ってから現れ、AED をもって来る。①の人と協力して、心肺蘇生と AED の使用を同時に進める。③の人はさらに時間が経ってから現れ、傷病者の状況、どのような応急手当を行ったかを確認し、引き継ぐ。

５．全教職員体験型不審者対応訓練

（１）時間設定

全１時間30分（めあての協議：20分／訓練：30〜40分／振り返りの協議：20分／まとめ）

（２）ねらい

・安全管理に対する意識を高め、維持継続していく。

・学校で事件が起こった場合の対応の仕方（連絡体制、応急処置の方法など）について、訓練を通して学ぶ。

・学校で事件が起こった場合、冷静に対応できる心構えを養う。

・教職員間の意見交流を通して、安全を重視していく態度を維持継続していく。

（３）想定（例）

・授業中、学校敷地内に不審者が侵入。

・不審者の侵入経路、負傷者に関する情報はいずれも不明。

〈緊急連絡先〉

警察：○○○－××××－○○○○

救急：○○○－××××－△△△△

家族：○○○－××××－××××

（４）訓練の流れ

①教室Aに集合、「緊急時の対応方法」「緊急放送の方法」「防犯備品の設置箇所」及び「訓練の大まかな流れ」を確認。

　・自衛組織編制表に従い、自分の役割について確認する。

　・自衛組織編制表のグループごとに打ち合わせをする。

②今回の訓練のポイントを話し合い、用紙に記入。

③各グループのまとめ役がポイントについて補足説明をし、全体で交流。

④担当場所に移動。

　・各教室、先生コーナー、ワークスペースの点検をする。

⑤さすまた・防護盾・担架・トランシーバー・１ｍものさし等を確認。

⑥窓や扉の鍵については、円滑な訓練遂行のため、開錠。

⑦近隣への放送後、訓練を開始。

⑧訓練

⑨訓練終了の放送を確認後、教室Aに集合。

⑩訓練の概要について各担当から説明。

（進行役、不審者役、負傷者役・負傷者、警察、救急・家族）
⑪グループでの振り返り
⑫全体交流
⑬まとめ

6．シナリオの例

○いつ：清掃時間
○どこ：給食室につながる出入り口から侵入する。
○なぜ（不審者の目的）：学校にいる者に危害を加える。
○どのように（不審者の状態）：包丁を携帯し、給食関係の業者のふりをする。

〈シナリオ〉

①不審者は、給食関係の業者が使う商用車とよく似た軽トラックで来校。

②業者のふりをして正門で来校者IDを受け取り、学校内に入る。
③給食室前で清掃指導をしていた教員と鉢合わせる。そこで来校の理由などを聞かれ、返答に困り、その場で教員を刺す（刺された教員の負傷の程度は「右腹部刺傷、出血多量、意識・呼吸なし」）。
④不審者は□年□組教室に向かって直行。教室に着くと同時に大声で叫びながら包丁をふりかざす。この際、教室の入り口付近にいた児童を1人、包丁で切りつける（切られた児童の負傷の程度は「左上腕部切傷、出血中程度、意識あり」）。

7．配役と注意点

○不審者役
　→安全に訓練を行うため、防具を付ける。
　→めあて確認中（次の項で説明）に配置につく。
○警察役
　→通報から校内に入るまでの時間を決めておく。
○救急役
　→めあて確認中に行方不明児童を示すカラーコーンを配置する。
　→所定の場所に心肺蘇生訓練用人形を配置する。
　→救急通報への対応を行う。

（事件か事故か・誰がどこからかけているか
・どのような状況か等）

→通報から校内に入るまでの時間を決めておく。

→負傷者を搬送する病院を決めておく。

○負傷者役（教員役・児童役）

→本人以外が、事前にこの配役を知ることがないよう
気を付ける。

→訓練開始時には不審者の侵入ルート上にいて、学校で決めている「不審者が来訪時にすべき行動」をとる。

→不審者と接触後、負傷の程度が書かれたカードを胸の上に置き、その場に倒れる。

8．行方不明児童の行動の設定（例）

○児童A：教員が負傷したのを見て、急ぎ給食室横の掃除道具ロッカーの中に隠れる。
○児童B：運動場の掃除をしていて警報を聞き、運動場端にある体育倉庫に隠れる。
○児童C：3階のトイレを掃除していて、トイレの中にあるパイプスペースの中に隠れる。

9．概要の説明とめあての設定

訓練当日、訓練に参加する全教職員が一室に集まる。最初に、学校安全主任が訓練の目的や概要、配役についての説明をした後、自衛組織各班が話し合って今日の訓練のめあてを設定する。

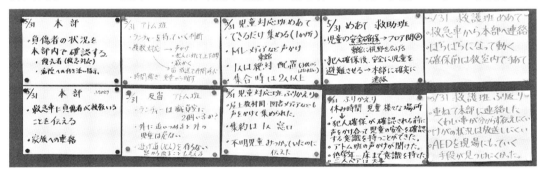

〈めあての例〉

■通報連絡班　・負傷の軽重の情報をできるかぎり正確に把握する。
　（本部）　　・救急隊に情報を伝え判断を仰ぎながら、適切な搬送順で送り出す。
■災害対応班　・不審者を取り押さえるのではなく、児童からできる限り遠ざける。
　　　　　　　・教職員が負傷しないよう、不審者と適切な距離を保つ。
■児童対応班　・適切な避難経路を通り児童を避難させる。
■救助班　　　・必ず2人組で捜索にあたる。下に潜り込めるところも逃さず、丁寧に探す。
■救護班　　　・できる限り速やかに負傷者を発見し、落ち着いて応急手当をする。
　　　　　　　・負傷者の情報をより迅速かつ正確に本部に伝える。

10. 訓練の中での役割と具体的内容

役割	行動	具体的な内容
安全管理部	近隣への注意喚起 訓練開始の合図	・訓練開始の合図及び近隣への注意喚起として、次のような放送を流す。 ・放送例：「近隣の皆様、こちらは○○小学校です。ただいまから不審者対応訓練を行います。訓練の最中は大きな音や声が発生いたします。ご理解の程よろしくお願いいたします。」
	訓練全体の管理 訓練終了の合図	・訓練の進捗状況を掌握し、状況に応じ記録を取る。 ・可能なら、写真や動画の撮影をする。 ・行方不明児童が全て発見された時点で、訓練終了を告げる放送を流す。
警察役 救急役	行方不明児童の設置 訓練用人形の設置	・「めあての設定」の間に、行方不明児童に模したカラーコーン及び心肺蘇生訓練用人形を設定した場所に隠す。 ・コーンには、（仮想の）児童の学年・組・名前・けがの状態を書いた紙を入れた封筒を貼っておく。
	通報受信・対応 駆け付け 役割に応じた対応	・各々が携帯電話を準備する。「めあての設定」のときに携帯電話の番号を訓練に参加する全教職員に周知する。 ・通報対応マニュアル（警察・救急が通報を受信したとき、実際にどのように受け答えするかを記したもの）を参考に、通報受信・対応をする。 ・「通報から校内に入るまでの時間（地域の実態に応じて設定）」に従い校内に入る。 ・警察役は、教職員誘導のもと不審者の確保、連行を行う。 ・救急役は、教職員誘導のもと負傷者の病院への搬送を行う。この際、どの病院に搬送するかを近くにいる教職員に伝える。
不審者役	侵入・犯行・逃走	・開始合図から数分後、シナリオに沿って校内へ侵入する。 ・凶器を模したものをもち、シナリオに沿って負傷者役を傷つけ、災害対応班に囲まれるまで逃げ続ける。 ・対応してきた教職員役が油断している、距離が近いなど、負傷を負わせられる状況があれば、シナリオになくても傷つけてもよいとしておけば、よりリアルな訓練となる。

負傷者役 （児童役） （教員役）	負傷	・不審者と遭遇して、負傷したこととし、その場に倒れる。 ・重体になる設定の場合、近くに備えた心肺蘇生訓練用人形と入れ替わり、負傷の具合が書かれたカードを人形の胸の上に置く。（カードはあらかじめ用意しておく） ・軽傷の設定の場合や、設定になくとも不審者役と遭遇し傷つけられた場合は、その場に倒れ発見されるのを待つ。発見されたら、負傷の状況を口頭で説明する。 ・救護班到着後は負傷者家族役になり、電話連絡を受ける役を行う。
教職員役	不審者への初期対応 周囲への周知・支援要請 本部に連絡 緊急通報 負傷者への対応	・不審者に遭遇したら、学校で決めているルールに沿って初期対応をする。（IDを確認する、声をかける　など） ・異変を感じたら、非常ブザーを鳴らすなどの対応をする。 ・大声や笛、放送を使って周囲に異変を知らせ、必要な支援を要請する。 ・あらゆる手段を使って本部に異変を知らせる。 ・携帯電話や外線につながる電話を使って警察に通報する。 ・負傷者が発生しているときは、救急に通報するとともに、救急救命処置を行う。
本部 （通報連絡）	本部の立ち上げ 情報の収集・整理 校内放送による指示 警察・救急への対応 負傷者家族への対応 不明児童捜索を指示	・緊急通報を指示する。（警察への通報・救急車の要請） ・不審者の侵入を全校に周知し、併せて情報の収集を行う。 ・職員室のホワイトボード等を活用し、情報の整理を行う。 ・警察役・救急役が到着したら、現場まで誘導する。 ・負傷者の搬送先・同伴する教職員名を把握するとともに、負傷者家族へ連絡する。 ・不審者確保後、適切なルート（負傷者がいない、流血の跡が残っていないなど）を取って避難するよう放送で指示を出す。 ・児童対応班による児童の人数確認を受け、不明児童の情報を整理し、捜索場所の指示を出す。
災害対応班	不審者対応 行方不明児童の捜索	・不審者侵入の報を受け、さすまたを持ち現場へ急行する。 ・複数で連携して不審者に対応することを心がける。大きな声を出して不審者を威嚇する。 ・児童机や児童イスなど手近にあるものを使って不審者を児童から遠ざける、または追い込んでいく。（備品にネットランチャーがあれば、それを使って不審者を確保する練習を訓練に組み込めるとよい） ・警察役が到着するまで不審者に対峙し、時間かせぎをする。 ・警察役による不審者確保後、すぐに本部へ連絡を入れる。 ・そのあとは救助班に加わり、不明児童の捜索をする。

第2章　「安全管理」と「不審者対応訓練」

児童対応班	児童の安全確保 児童の避難誘導 児童の人数確認 行方不明児童の連絡 行方不明児童の捜索	・廊下やトイレにいる児童にすぐに教室に入って戸締り、施錠をするよう、大声で指示を出す。 ・廊下に残り、周囲の様子・放送等に注意しつつ、教室内の児童が安心できるよう、継続して声かけをする。 ・1mものさしなどを手にもつなど、自分自身の安全も守れるよう心がける。 ・状況の変化に応じ、常に本部へ連絡することを心がける。 ・犯人確保後、児童を安全なルートで避難させる。避難時は児童名簿を携帯し、安全な場所で人数確認を行う。 ・不審者、不明児童がいれば本部に連絡する。 ・児童看護のために数名残し、他は児童の捜索に向かう。
救助班	児童の安全確保 不明児童の捜索	・児童対応班と連携して、児童の安全確保に当たる。 ・災害対応班や救護班の人数が足りていなければ、児童の安全確保が確認されたらそれらの応援にまわる。 ・不審者が確保されたら、児童の捜索を2人1組で行う。 ・発見した・しないにかかわらず、捜索の結果をこまめに本部に連絡する。
救護班	負傷者対応 応急処置	・AEDと身を守るための道具（ほうき、1mものさしなど）をもって負傷者を探す。 ・負傷者を発見したら、その状態を本部へ連絡する。 ・負傷者情報を聞き、負傷者のいる場所にかけつける。 ・必要に応じて負傷者の応急処置を行う。

11. 振り返り

　訓練参加者が再集合し、訓練での体験をもとに、それぞれの班、各個人がうまくいった点はどこか、問題点についてはどこで、どのように行動すべきだったか、今後はどうすればよいかを話し合う。話し合いの前に、訓練時の全体の状況を把握できるよう、冒頭に各役が状況報告を行うようにする。

〈報告項目〉

　　□不審者役　　　・侵入逃走ルート、教職員・児童との遭遇・加害状況、心理状態

　　□負傷者役　　　・負傷時刻と状況、倒れてから発見されるまでの時間と状況、心理状態

　　□警察・救急役　・第一報の受信時刻、通報本数、通報状況（内容、話し方など）

　　　　　　　　　　・到着時のやり取り、学内での誘導状況

　　□負傷者家族役　・連絡を受けた時刻、内容、連絡を聞いた際の心理状態

〈各班の振り返りの例〉

　■本部（通報連絡）

　（例）・複数負傷者の状況の把握と救急隊への伝達、優先順位付けはうまくいった。

　　　　・救急車に同乗した教職員の情報が一部混乱した。　→　混乱を防ぐ方法の検討

■災害対応班（不審者役も加わって振り返りをすると効果的である）

（例）・不審者をうまく囲むことができ、警察が来るまでうまく時間かせぎができた。

　　　・一部の教員のさすまたの使い方がうまくなく、不審者に奪われてしまった。

　　　　　→　さすまたの、奪われない使い方についての確認

■児童対応班

（例）・流血のある場所の情報を適切につかみ、避難経路を慎重に設定できた。

　　　・運動場での人数確認に手間取った。　→　その原因と、具体的な対策の立案

■救助班

（例）・２人１組での捜索が原則なのに、最初は単独行動をせざるを得なかった。

　　　　　→　他班への協力要請など、迅速なペアづくりの方法についての検討

　　　・本部からの情報提供が的確で、円滑に校内を捜索することができた。

■救護班

（例）・最初の負傷者の発見に時間がかかった。　→　重点捜索地点の検討

　　　・負傷者の状況を、逐一本部へ情報提供することができた。

本書の刊行に当たって

　本校の校舎は、平成13（2001）年6月8日の事件を契機に改築されました。本校に来られた方は、たくさんの防犯カメラや非常ブザーなどのとても充実した設備を見て驚かれます。しかし、私は訪問された方に、常に「設備が子供たちを守っているわけではありません。教職員が高い意識をもってこそ、初めて設備が活かされ安全な学習環境を保てるのです。」と話をしています。

　附属池田小学校の教職員は、本校の児童だけの安全を願っているわけではもちろんなく、全ての学校が安全であることを願っています。そのためには、本校で今まで積み重ねてきた安全教育の実践を多くの方々に知っていただけるよう、発信していく必要があります。

　本書には、児童の安全を守るための組織の在り方や、学校設備、そして、安全教育について書かれています。どのような意味があって、本校の組織や設備が現在のような姿になっているのか。また、教職員や保護者は児童の安全を守るためにどのような取組をしているのかを伝えることができれば幸いです。そして、本書籍の内容を参考にしていただき、様々な地域の実情に合わせて、できることから取り組む方々が増えることが私たちの願いです。

　また、安全教育の授業についても、附属池田小学校だからできるという実践では意味がないと考えました。そのため、この書籍を手にした教職員の方がすぐに授業をしてみたいと思えるように、どの学校でも実践することができるように、授業のねらいや目標、発問や板書計画などを考えました。授業のねらいや目標をもとに、それぞれの地域で実情に合う形で授業をしていただければと考えています。

　事件の後、すぐに現在の組織や安全教育への取組が完成したわけではありません。附属池田小学校で教育に携わった教職員がいろいろなことを試行錯誤しながら、そのときそのときに最善と思えることを行ってきた結果が、現在の附属池田小学校の取組です。そして、今の姿が完成形でもありません。今後もよりよくするために改善を続け、実践を広く発信していきます。

　本書が、学校安全に対する教職員の意識・技能の向上と、児童の安全学習の一助になることを願っています。

大阪教育大学附属池田小学校　副校長

荒川　真一

［執筆者一覧］
大阪教育大学附属池田小学校　著

佐々木　靖	辰巳　玥子
眞田　巧	渡部　恭子
荒川　真一	奈良　真行
土本　純平	吉田　崇之
西田　まなみ	石橋　絵梨子
富井　愛枝	佐野　陽平
伊藤　いつき	森村　俊輔
金森　昭憲	仲井　勝巳
八尾　哲史	市川　陽子
樋口　綾香	大浦　詩織
西岡　毅	上田　祥規
宮本　真希子	森光　利海
井上　洋	馬場　廣之
横溝　真弓	冨山　実樹
加藤　智子	西辻　誠
吉井　洋一	岡　文華
松岡　賢	三谷　朋子

（年次順）

※本書は平成28〜29年度の在職教員（途中転出者を含む）が、本校における過去の実践を参考にしながら執筆いたしました。平成13年の事件以降、幾多の困難に出会いながらも本書の礎となる実践を積み重ねられた方々に対し、深く感謝の意を表します。

学校における
安全教育・危機管理ガイド
あらゆる危険から子供たちを守るために

2017（平成29）年11月10日　初版第 1 刷発行

著　者　大阪教育大学附属池田小学校
発行者　錦織　圭之介
発行所　株式会社 東洋館出版社
　　　　〒113-0021　東京都文京区本駒込 5 -16- 7
　　　　営業部　TEL：03-3823-9206
　　　　　　　　FAX：03-3823-9208
　　　　編集部　TEL：03-3823-9207
　　　　　　　　FAX：03-3823-9209
　　　　振　替　00180-7-96823
　　　　Ｕ Ｒ Ｌ　http://www.toyokan.co.jp
［装　丁］中濱　健治
［本文デザイン］竹内　宏和（藤原印刷株式会社）
［印刷・製本］　藤原印刷株式会社

ISBN978-4-491-03426-3　　　Printed in Japan

JCOPY ＜（社）出版者著作権管理機構 委託出版物＞
本書の無断複写は著作権法上での例外を除き禁じられています。複写される
場合は、そのつど事前に、（社）出版者著作権管理機構（電話 03-3513-6969、
FAX 03-3513-6979、e-mail: info@jcopy.or.jp）の許諾を得てください。